ご当地食堂、はじめました

飛田和緒

JAL BOOKS

おしながき

この本の使い方

- レシピの小さじ1は5ml、大さじ1は15ml、1カップは200ml、米の1合は180mlです。
- 基本的には塩は海水から作る天然のものを使用しています。
- 材料の中には取り寄せた食材も含まれています。
- 各地の郷土料理のレシピをもとに、作りやすいように飛田和緒のアレンジを加えて作っています。地域によって使う食材や調味料が違うこともありますが、手に入りやすい材料でご紹介しています。また、油は特に指定がない場合は、好みのものを使ってください。

第一章
北海道
東北

Hokkaido　Aomori　Iwate　Miyagi　Akita　Yamagata　Fukushima

鮭の三平汁《さんぺいじる》

北海道

HOKKAIDO

椀

たっぷり具材と
おろしショウガで
温まる一杯

三平汁は塩漬けの鮭やタラ、ホッケやぬか漬けの魚をぶつ切りにして、昆布出汁と野菜をあわせて煮た汁物。味つけは魚の塩気で十分ですが、地域によっては味噌味など好みがあります。魚の味を含んだ野菜がまた格別。魚は味出しとして入れ、実は野菜が主役です。名前は漁師の三平さんが作ったから、三平皿という浅い器で食べたからなど諸説あるようです。塩鮭の塩気はさまざま。時間がたつほど鮭の塩気が汁に出てきますので、味つけは控えめにし、味が濃くなった場合は昆布出汁で調整してください。体が温まる汁物は極寒の冬には欠かせません。おろしショウガや長ネギの小口切りを添えると、より体がポカポカになりますよ。

うにぎり

ウニを具にしたぜいたくなおにぎり。

生のウニだけでなく、塩漬けなど加工したものでもいいです。ご飯に混ぜて握ったり、ご飯の中に忍ばせたり、おにぎりの上にたっぷりとのせて味わいます。海苔をつけるかつけないかは好み。海苔の香りが強すぎると邪魔になることもあります。北海道はほぼ全域の沿岸でウニ漁が盛んです。産地によって産卵期の禁漁時期が違うので、一年を通してウニの旬があり楽しめます。ウニにはたくさんの種類があり、北海道ではエゾバフンウニの人気が高いと聞きました。色はオレンジ色で味は濃厚、旨味と甘味が強く、ねっとりとしていて、口に入れると磯の香りがぷんと広がり、とろけるような舌触りです。

昆布のとろみが
ご飯にぴったりな
常備菜です
肴

松前漬け

北海道

松前の名前のとおり、松前藩発祥の料理。当時は名産の昆布やスルメを一緒に塩漬けし、冷蔵庫のない時代の保存食として食べられていました。鰊《にしん》漁が盛んとなり、鰊のたまごである数の子は庶民の味として親しまれ、松前漬けに加わるようになったそうです。近年は鰊漁が減り、数の子は一気に高級品になってしまいました。数の子は形が割れたものは安価なので、普段の常備菜ならそれで十分。昆布は細切りになっている市販のものが手軽ですが、ない場合は水で戻してやわらかくしてから切ってください。昆布の粘りが全体をまとめてくれるので、よく味を馴染ませながら混ぜます。糸をひくくらいとろみがついてきたらでき上がりの合図です。

鮭の三平汁

材料 | 2人分 |

辛口塩鮭	2切れ(150gくらい)
大根、ジャガイモ、ニンジン	各50g
昆布出汁	3カップ
酒	小さじ1
おろしショウガ	少々
塩	適宜

1 鮭と野菜はすべてひと口大に切る。

2 鮭は湯通しして、水で洗って汚れやうろこをとり、水気をふく。

3 鍋に出汁と野菜を入れてやわらかくなるまで煮る。

4 鮭を加えてひと煮し、塩で味を調える。器に盛りつけ、ショウガをあしらう。

うにぎり

材料 | 約5個分 |

生ウニ	適量
炊きたてのご飯	1合分
塩、海苔、しょうゆ	各適量

1 手を水でさっとぬらし、塩を馴染ませ、ご飯を握る。

2 海苔を巻き、ウニを上にたっぷりとのせる。

3 好みでウニにしょうゆをたらす。

松前漬け

材料 | 4〜5人分 |

日高昆布、ガゴメ昆布(細切り)	各10g
しょうゆ、酒、みりん	各大さじ2
砂糖	大さじ1
塩数の子	100g
スルメ(細切り)	30g
ニンジン(細切り)	100g

1 数の子は塩水につけて塩抜きし、ざるにあげて水気を取る。薄皮がついている場合は除く。

2 昆布はさっと水洗いして、砂などをとる。ニンジンはさっとゆでておく。

3 鍋に調味料と水1/4カップ(分量外)を入れて火にかけ、ひと煮立ちさせて冷ましておく。

4 数の子は細かく切り、スルメ、②とともに③の鍋に加え、軽く和える。時々混ぜて、全体に味を馴染ませる。

青森

けの汁

汁は少なめ
具材をたっぷりと
栄養ある一杯
椀

津軽地方で親しまれている「けの汁」。米が貴重だった頃に野菜を米に見立て細かく切って作り、粥のような汁と呼ばれていたことから、粥が「け」となりこの名がついたそうです。七草がゆを食べる小正月の行事食でもあり、根菜類、山菜、油揚げやしみ豆腐、大豆をつぶしたものなど、具材が多種入る、栄養たっぷりのひと椀。肉や魚は入れずに、野菜中心の具材にし、味噌味やしょうゆ味など家庭それぞれの味つけで作ります。大きめの汁椀に汁は少なめ、具をこんもり山のように盛りつけるのがポイント。それぞれの食感や口当たり、味わいが入り混じって、口の中で噛み締める度に旨味が重なりながらじんわりとやってきます。

若《わか》生《おい》おにぎり

若生は「わかおい」と読み、収穫時期は3月から4月で春が旬、薄くやわらかな一年昆布のことをいいます。若生で包んだシンプルなおにぎりは津軽地方の漁師料理。漁に出かける際によく食べられていたそうです。今はよくその名と味が知られて、おにぎり用の若生はスーパーなどでも売られています。青森出身の太宰治もこのおにぎりが好物だったようです。若生は薄さの中にも繊維がしっかりとあり、繊維に沿って嚙みきれるよう、包み方を工夫すると食べやすいです。若生の塩気がご飯に馴染むまで少しおくと味がよくなり、海の香りが一層引き立ちます。若生はおにぎりの他、煮物や佃煮などにしても美味しいです。

味噌とたまごの
旨味と香ばしさが
お酒にも合います

肴

AOMORI

貝《か》焼《や》き味噌

青森

津軽地方、下北地方の料理で、津軽は貝焼き味噌、下北では味噌貝焼きとして家庭でよく作られる一品。ホタテと味噌とたまごをあわせてホタテの殻に入れ、網焼きにしたり、トースターで手軽に作ります。撮影時、殻は鮮魚店で譲っていただきました。味噌とたまごの旨味と焼いた香ばしさでご飯が進み、お酒にも合います。殻がないときはアルミホイルや耐熱容器を使って作ればもっと身近に。ポイントは焼きすぎないこと。ホタテのやわらかさを味わいます。焼いている途中で軽く混ぜると早く全体に火が通ります。味噌は色の薄い白味噌や信州味噌を使うとたまごの色が映えて、見た目にもホタテがよりおいしそうに仕上がります。

けの汁

材料　｜3〜4人分｜

大根	2cm(40g)
干し椎茸	1枚
ニンジン	1/4本(40g)
ゴボウ	30g
ふき、ワラビ、ゼンマイ(水煮)	あわせて80g
高野豆腐	戻したもの40g
こんにゃく	60g
大豆(水煮)	60g
昆布出汁	3カップ
味噌	大さじ2
しょうゆ	適量

1　干し椎茸は水で戻す。大豆以外の具材はすべて細かくさいの目に切る。

2　鍋に出汁と椎茸の戻し汁1/2カップ、大豆と①を入れて煮る。

3　やわらかく煮えたら、味噌を溶き入れ、しょうゆで味を調える。

若生おにぎり

材料　｜約4〜5個分｜

若生	2枚
炊きたてのご飯	1合分
塩	適量

1　若生はおにぎりが包みやすいように切る。

2　炊きたてのご飯は俵形に握ってから、やや平たくつぶしたような形に調える。

3　②を①で包む。または昆布を広げて②をのせ、折りたたむようにして形を整えてもいい。若生によって塩気が違うので、おにぎりの塩は加減する。

貝焼き味噌

材料　｜2人分｜

ホタテ貝柱	2、3個
たまご	1個
長ネギ(小口切り)	適量
味噌	大さじ1
砂糖	小さじ1
みりん	小さじ1
ホタテの殻	2枚

1　貝柱は食べやすく切る。

2　調味料とたまごをよく混ぜる。

3　殻に①、②を入れてオーブントースターで表面がこんがりとするまで焼く。

4　長ネギをちらす。

岩手

まめぶ汁

しょっぱい汁と甘い団子
その組み合わせが
やみつきに

NHK連続テレビ小説『あまちゃん』のロケ地にもなった久慈《くじ》市の名物。ドラマの中にまめぶ汁が登場したことから一気に全国にその名が知れ渡りました。しょうゆ味のしょっぱい汁と甘い黒糖入りの団子に違和感を抱きますが、見たり聞いたりするのとは大違い。これが一度食べるとやみつきになる味なのです。郷土料理としての歴史も古く、江戸時代に凶作が続き麺を作ることができなかったとき、その代わりとして団子が作られました。お正月や冠婚葬祭などで人が集まると、この汁を作って食べていたと伝えられています。時間がたつと固くなるため、食べる直前に団子を煮ます。やわらかさを求めるなら薄力粉を白玉粉に代えて。

わかめおにぎり

好漁場である三陸海岸では、とりわけ養殖ワカメ漁が盛んで生産量は日本一です。三陸ワカメは肉厚で弾力があり、歯応えと、ねっとりとしたやわらかさをあわせ持ち、口に運べば磯の香りが広がります。レシピのように炊いたご飯に混ぜれば、ワカメの存在感が増し、一緒に炊き込むとご飯にワカメの味が染み込みます。それぞれにおいしさがあるのでお試しを。生ワカメや乾燥ワカメに比べて、塩蔵ワカメは戻した後も塩気が出るので、塩分を確認しながら作ります。米は陸前高田の新ブランド、つややかでもっちり感がある「たかたのゆめ」。やややわらかめなところが後入れのワカメと合い、冷めてもおいしいお米です。

生産量日本一
三陸ワカメの
磯の香りを堪能

岩手

紅葉漬け

肴
紅葉のような
鮮やかな色が
食卓を彩ります

鮭漁が盛んな秋から冬にかけてよく作られる保存食。鮭の身とはらこ（生イクラ）をしょうゆダレに漬け込んで作ります。でき上がりの色の鮮やかさから紅葉のようだとこの名がつけられました。三陸のお正月には欠かせない料理の一つだそうです。レシピでは手軽に市販のしょうゆ漬けや塩漬けのイクラで作りましたが、生イクラが手に入ったら、好みの加減に味つけして作ると鮭の味と相まって一層おいしくなります。その場合はぬるま湯にイクラを入れ、やさしく薄皮を除き、一粒ずつほぐします。冷水で何度か洗って水気をよく切るのがポイント。透明感がでてきたら、酒、みりんを煮切ってしょうゆをあわせたタレに漬け込みます。

まめぶ汁

材料 ｜2人分｜

薄力粉		50g
片栗粉		適量
黒糖、くるみ		各10g
A	焼き豆腐	1/4丁
	油揚げ	1/3枚
	シメジ	1/4パック
	ニンジン	3cmくらい
	ゴボウ	4cmくらい
	里芋	1個
出汁		3カップ
しょうゆ		大さじ1
塩		適量

1 ボウルに薄力粉を入れ、熱湯30mlを加えて菜箸で混ぜ、まとまってきたら手でよくこねて、ラップに包んで15分ほど寝かせる。

2 Aはそれぞれ食べやすい大きさに切り、出汁とあわせて煮る。

3 ①を10等分にし、丸めて平らにのばし、砕いたくるみと黒糖を等分してのせ、包む。片栗粉を表面にまぶし、②に加えて5分ほど煮て、しょうゆと塩で味を調える。

わかめおにぎり

材料 ｜約8〜10個分｜

ワカメ	戻して80gくらい
米	2合
塩	適量

1 ワカメは粗く刻み、ペーパータオルに包んで水気をとっておく。

2 米は普段どおりにといで浸水させ、炊く。

3 炊き上がりに①を加えて混ぜる。

4 ③の味見をしてから、手をぬらして塩を馴染ませ、おにぎりにする。

紅葉漬け

材料 ｜作りやすい分量｜

鮭（刺身用さく）	250gくらい
しょうゆ漬けイクラ、または塩漬けイクラ（市販）	100g
乾燥糸昆布	3g
しょうゆ、みりん、酒	各1/3カップ

1 イクラはさっと水で洗って水気をきり、煮切った酒にひと晩つける。

2 糸昆布は水につけて戻し、ペーパータオルに包んで水気をとる。

3 鮭はペーパータオルで水気をふき、軽く塩（分量外）をふって10分ほどおく。

4 ③の鮭はもう一度よくペーパータオルで水気をとって、薄く切る。

5 ざるにあげた①のイクラと②、④を保存用器に入れ、煮切ったみりんと、しょうゆを加え、1時間ほどおいて味を馴染ませる。

宮城

芋煮

椀

仙台味噌を溶き
風味豊かに
仕上げます

秋になると河原に人が集まり芋煮会が始まります。学校や職場で行われるくらい県民の皆さんが毎年楽しみにしている行事。山形の芋煮とよく比較されますが、宮城の芋煮は豚肉と里芋の他、野菜など数種類の具材が入ります。辛味がやや強い赤味噌の仙台味噌を使い、風味豊かに。豆腐やコンニャクも入れて食べ応えのある汁物に仕上げます。地域によって砂糖で甘めに味つけしたり、名産の仙台麩を入れる所もあるようです。青空の下、空気がキリリと冷え始める季節にこのアツアツに煮込んだ汁物を大勢の人たちと一緒に食べるなんてうらやましい限り。土地の食材をふんだんに使って、大鍋で煮込めばとびきりおいしいに決まっています。

はらこめしおにぎり

はらことは、成熟した鮭のたまごのこと。鮭が遡上する秋になると、鮭とはらこと新米ではらこめしを作ります。太平洋に面し、阿武隈《あぶくま》川の河口にある亘理町《わたりちょう》が発祥の地として知られ、漁師が伊達政宗公へ献上したことから、そのおいしさが広まったともいわれています。レシピでは手軽に鮭の切り身を使いましたが、地元では鮭の頭や骨、皮も使って、旨味たっぷりの出汁をとり、その出汁で新米を炊きます。これだけでもぜいたくなのに、そこへたっぷりの鮭とはらこを混ぜるというのですから、鮭漁の盛んな地域ならではの味ですね。おにぎりにするときには、平らな面を作り、キラキラと輝いているはらこをたっぷりとのせます。

鮭の旨味を出汁に
新米をふっくら
炊きましょう

宮城

しそ巻き

やわらかな味噌に
くるみで
アクセントを

仙台味噌を使って作る常備菜の一つ。日持ちも1週間ほどと長く、お土産屋さんでもよく見かける一品です。甘く味つけした味噌を青ジソで巻くので、青ジソの葉はやや大きめを用意すると作りやすいです。くるみの代わりにピーナッツやゴマを使っても。やわらかな味噌に、歯ざわりのよいものが入っているとアクセントになって、箸が止まらないおいしさを生むようです。レシピは多めの油で焼いていますが、揚げて青ジソをパリッとさせてもいい。青ジソの葉の香ばしさ、とけていく甘い味噌、ザクザクとした食感のくるみ、次々とおいしさが広がっていきます。この組み合わせは、身近な食材で作るお手本のような常備食です。

芋煮

材料 | 2人分 |

豚バラ薄切り肉	80g
里芋	4個
ニンジン	30g(1/5本くらい)
ゴボウ	4cm
シメジ	30g
大根	30g
白菜	葉1/2枚
長ネギ	4cm
コンニャク	30g
豆腐	1/3丁
出汁	3カップ
仙台味噌	大さじ2〜3

1 豚肉は細切りにし、里芋は皮をむき、他の野菜とともに食べやすく切る。コンニャクは下ゆでし、食べやすくちぎる。

2 鍋に出汁と①を入れて中火にかけ、沸騰してきたら弱めの中火にして、アクを取りながら煮る。

3 里芋がやわらかく煮えて、他の具材にも火が通ったら、水切りしておいた豆腐をちぎって入れ、味噌を溶き入れ、ひと煮立ちさせる。

はらこめしおにぎり

材料 | 約8〜10個分 |

米		2合
生鮭		3切(250gくらい)
A	出汁	2カップ
	しょうゆ	大さじ2
	酒	大さじ1
	砂糖	小さじ2
イクラのしょうゆ漬け		適量

1 生鮭はそれぞれ2〜3等分に切り、熱湯をかけてから流水で洗い、アクや鱗などを取り除く。

2 鍋にAを入れて沸騰させ、①を加えて5分煮てそのまま冷まし、鮭を取り出す。

3 米をとぎ、煮汁とあわせる。普段どおりの水加減に足りない場合は水を足して炊く。

4 蒸らしのタイミングで鮭を加え、ほぐしながら混ぜあわせる。

5 少量の塩(分量外)を手につけ握り、イクラをのせる。

しそ巻き

材料 | 20本分 |

小麦粉	大さじ1と1/2
仙台味噌	100g
くるみ	30g
砂糖	大さじ4くらい
青ジソの葉	20枚
食用油	大さじ1〜2

1 くるみは粗く砕いて、フライパンで乾煎りする。

2 小鍋に小麦粉、味噌、砂糖をあわせて弱火にかけて、つやが出るまで、焦げないよう練り混ぜ、①をあわせて冷ます。

3 青ジソの葉に等分にした②をのせ、細く巻き、3〜4本ずつ楊枝で刺してまとめる。

4 フライパンに油を熱して、弱めの中火で青ジソの葉がカリッとするまで両面を焼く。保存は冷蔵庫で1週間ほど。

秋田

だまこ汁

椀
だまこには
出汁と野菜の旨味を
たっぷり吸わせて

きりたんぽの原型ともいわれる「だまこ」。ご飯をつぶして粘りを出して丸め、汁でさっと煮たものです。お手玉のことを「だまこ」と呼ぶからとか、あまりのおいしさに黙って食べるから「だまっこ」と呼ばれるなど名前の由来は諸説ありますが、個人的には後者のほうが可愛いらしくしっくりきます。だまこを形よく仕上げるには片栗粉をご飯に混ぜたり、水溶き片栗粉を手につけて丸めたり、丸めたご飯を塩水にくぐらせて、こんがり焼くなど、ひと手間かけて煮崩れないようにします。フライパンの他、網や魚焼きグリルで焼いても色よくできます。今回薬味で使ったセリは、根っこや茎も含めて具としてたっぷり入れてもおいしいです。

黒ささげの赤飯おにぎり

秋田では武士文化が根強く残り、加熱すると皮が裂ける小豆は「切腹」を連想させるとのことで、煮崩れない黒ササゲを使い赤飯を炊いたといわれています。米どころで、昔から麹をたっぷりと使った料理が多く作られていたことから、現在も甘口の料理が多く残っています。赤飯もその一つで、砂糖を入れ、甘く炊くのが特徴。おめでたい席や、人が集まるときに食べるのは全国共通ですね。撮影のために黒ササゲを手配したら、秋田県産は手に入らず、遠く沖縄からやってきました。秋田では現在、黒ササゲを作る農家さんが減り、県外へはなかなか出荷ができないとのこと。地元産の黒ササゲの赤飯は、貴重なものとなりつつあります。

たらこの炒り煮

生タラコを
ふんわりほろほろ
炒りつけます

別名「ほろほろ」とも呼ばれる、県民の皆さんが愛してやまないご飯のおともです。秋田で消費量が多い「糸コンニャク」と根菜を甘辛く味つけしたところに、生タラコを加えて、ほろほろ、ふんわりするまで炒りつけます。地域によっては、ボリュームアップのために固くしぼった豆腐を入れたり、竹輪を入れることもあるそうです。マダラのタラコは薄皮が黒くて少々グロテスクですが、薄皮をとると薄ピンクのたまごがとろとろと出てきて、これに火が通るとしっとりなめらかになります。さらに火をしっかり入れるとプチプチとした食感になるので、お好みで調節を。火の入れ具合で、仕上がりが変わるのも味わい深いですね。

だまこ汁

材料 |2人分|

鶏もも肉	80g
ゴボウ	50g
舞茸	50g
長ネギ	10cm
ニンジン	50g
セリ	2本くらい
昆布出汁	3カップ
炊きたてのご飯	お茶碗2杯分くらい
片栗粉	小さじ1
しょうゆ	大さじ1
塩	適量
油	少々

1 鶏肉と野菜と舞茸は食べやすい大きさに切る。

2 セリの葉の部分以外の①を出汁とあわせて火にかけてやわらかくなるまで煮る。

3 ご飯は麺棒などでついて粘りを出し、片栗粉と塩少々を混ぜ、丸めて6〜8個の団子を作る。煮崩れ防止のため油でこんがりと焼く。

4 ②の味をみて、しょうゆと塩で味を調え、③を加えてさっと煮る。

5 器に盛りつけ、セリの葉をあしらう。

黒ささげの赤飯おにぎり

材料 |約8〜10個分|

黒ササゲ	50g
米	1合
もち米	1合
塩	小さじ1/2
砂糖	大さじ3

1 ササゲはさっと洗って、1カップの水とあわせて火にかけ、沸騰したらゆで汁を捨て、新しい水2カップを加え火にかける。沸騰したら弱めの中火で30分ほど煮る。やわらかくなったら火を止めてそのままおく。豆が水面から出るほど煮汁が少なくなったら水を足しながら煮る。

2 米ともち米はあわせて普段どおりにとぎ、ざるにあげておく。

3 ①を豆と煮汁に分ける。炊飯器に②を入れ、煮汁を加えて普段どおりに水加減し、浸水させる。足りない場合は水を足す。調味料を加えてひと混ぜし、ゆでた豆をのせ、炊飯器で普段どおりに炊く。

4 炊き上がったら軽く混ぜ、手をぬらして塩(分量外)を馴染ませ、丸く握る。

たらこの炒り煮

材料 |作りやすい分量|

生タラコ		300g
ニンジン、ゴボウ		各100g
糸コンニャク		120g
油		大さじ1
A	しょうゆ	大さじ3
A	砂糖	大さじ2と1/2
A	酒	大さじ3

1 野菜は一口大の細切り、糸コンニャクは熱湯で一度ゆでてから食べやすい長さに切る。

2 熱した油で①を炒め、Aと水100ml(分量外)を加えて、ゴボウがやわらかくなるまで5分ほど煮る。

3 タラコは薄皮をとり、②に加え、15分くらいかけて煮汁がなくなるまで炒りつける。

山形

孟《もう》宗《そう》汁《じる》

タケノコと厚揚げ
酒粕と味噌の
風味豊かな一杯

山形は孟宗《もうそう》竹林群生の最北地といわれ、そのタケノコを「孟宗」と呼ぶそう。主に鶴岡市や酒田市を含む庄内地方が産地として有名です。春先から5月中旬まで収穫される孟宗を下ゆでし、お味噌汁の具にします。ポイントは厚揚げをあわせること。厚揚げは油抜きせず、出汁が冷たいうちからあわせて煮ると、旨味が出ます。酒粕を入れるととろみもつき、汁が冷めにくくなります。酒粕と味噌の香りが相まって風味豊かなお味噌汁に。肉が入ることで子どもたちにも人気です。レシピではタケノコを薄切りにしましたが、ゴロゴロ大きめに切って歯応えを楽しんでもいいですね。春になってもまだ寒暖の差がある、山形ならではの汁物です。

弁慶めしのおにぎり

名前の由来は諸説あり、「青菜《せいさい》漬けでおにぎりを巻いた様子が、袈裟《けさ》で顔を覆い隠した武蔵坊弁慶の姿に似ているから」という説も。青菜は冬の間にとれる漬物用の野菜で、山形の漬物の代表格。ご飯はぬれた手に軽く塩をつけ、青菜漬けの葉で包みやすく、焼きやすいよう、上下に平らな部分を作り丸く握ります。ひと手間ですが、味噌を塗ったらおにぎりをさっと焼き、葉に包んでからさらに焼くとまた格別のおいしさになります。葉はあぶるとほんのり香ばしさを纏《まと》うだけでなく、水分が抜ける分パリッとして口当たりが変わるのも楽しい。米は粘りと甘味のある山形県産のつや姫。冷めてもおいしい米なので、おにぎりに向いています。

山形のだし

シャキッと野菜と
昆布の粘り気で
食感を楽しんで

野菜を細かく刻んで和えた一品。特に具材に決まりはないようですが、キュウリやナスなどの水気の多い夏野菜に、香味野菜をあわせるのが一般的です。さらに、ガゴメという粘り気の強い昆布を加えてネバネバで具材全体をまとめると、野菜それぞれの食感の違いを楽しめます。ガゴメ昆布の代わりにオクラやモロヘイヤ、糸昆布やメカブなどの食材を使ってとろみをつけてもいいですね。食卓では大きな器に盛りつけて各自好きなだけご飯にのせて食べます。冷奴にのせたり、そうめんに絡めたり、酒の肴にも喜ばれます。ポイントは野菜に塩をまぶした後、水気をしぼりすぎないこと。野菜の汁気も旨味のある出汁になります。

孟宗汁

材料 | 2人分 |

豚こま切れ肉	50g
タケノコ(水煮)	80g
椎茸	15g
厚揚げ	75g
酒粕	大さじ2
味噌	大さじ1〜2
出汁	2カップ

1 豚肉は細切り、タケノコは薄切りにしてから、ひと口大に切る。椎茸は石づきをとって軸ごと薄切りにし、厚揚げはひと口大に切る。

2 鍋に出汁、豚肉、厚揚げを入れて弱めの中火にかける。沸騰してアクが出たら除く。

3 椎茸、タケノコを入れて2〜3分煮たら、酒粕と味噌を出汁でのばして鍋に入れる。

4 1分ほど静かに温めて味を馴染ませ、盛りつける。

弁慶めしのおにぎり

材料 | 約8〜10個分 |

米	2合
塩、味噌	各適量
青菜漬け(葉の部分)	3〜4枚

1 米は普段どおりにといで浸水させ、炊く。

2 手をぬらして塩を馴染ませ、炊きたてのご飯を丸く握り、味噌を薄くおにぎりの周りにつける。

3 青菜漬けの葉を広げ、おにぎりが包める大きさに切り、おにぎりを一つ一つ丁寧に包む。

4 魚焼きグリルや網、フライパンで③をこんがりと焼く。

山形のだし

材料 | 作りやすい分量 |

	キュウリ	1本
	ナス	1本
	ミョウガ	1個
	シソの葉	5〜6枚
	ガゴメ昆布(納豆昆布)	5g
	ショウガ(あれば新ショウガ)	ひとかけ
	塩	ふたつまみ
A	しょうゆ	大さじ2
A	みりん	小さじ2
A	酢	大さじ1/2
A	砂糖	小さじ1

1 キュウリ、ナスは5mm角に切り、ナスは水に5分ほどさらしてから、キュウリとあわせ、塩をまぶして軽く混ぜておく。

2 ショウガはみじん切り、ほかの香味野菜は粗みじん切りにする。

3 具材がすべて入るくらいのボウルに**A**をあわせ、①の水気を軽くしぼって加え、②、ガゴメ昆布をあわせて混ぜて、10分ほどおいて味を馴染ませる。

4 昆布の粘りが出たらでき上がり。

福島

こづゆ

具材は奇数で
野菜をたっぷり
酒の肴にも

内陸の会津地方でよく作られる汁物です。新鮮な海鮮が手に入らなかった時代、貝柱や椎茸などの乾物で出汁をとり、地元の野菜をたっぷりと入れて作ったのが始まりといわれています。お正月や冠婚葬祭の特別な席の酒の肴として振る舞われ、何杯おかわりをしてもいいという、もてなしの気持ちを表した料理です。具材は7、または9種の奇数にすると縁起がよいと聞きました。野菜は小さめの一口大に切り揃え、丸い豆麩と糸コンニャクが入るのが特徴です。出汁の味をしっかり含ませ、薄味に味を調えると上品な仕上がりになります。汁物というよりは数種の野菜や乾物を食べる煮物に近い料理となっています。

ホッキめしのおにぎり

薄ピンクの
ホッキ貝で
ごちそうご飯に

ホッキ貝の名産地、相馬市でよく食べられる炊き込みご飯をおにぎりに。相馬は米の生産も盛んなことから、この組み合わせが生まれました。地元の友人によると日常的な料理ではなく、地区のお祭りや花火大会などの催しや、遠方からお客さまがいらっしゃるようなときに振る舞う味だそうです。最近は、お米に加えて炊き込むだけでできる「ホッキめしの具」が真空パックになって売られているくらいポピュラーで、地元での人気も高い、と話してくれました。貝に熱が入るとうっすらピンク色になり、ごちそう感が増しますね。貝をさばく場合はひもなども具材にして無駄なく食べます。生ホッキから作ると香りよく炊き上がります。

福島

いかにんじん

肴

FUKUSHIMA

アレンジ自在
時短で作れる
常備菜

通年作られる家庭料理。もとは保存食として雪の多い冬には重宝されてきました。近年は、干したスルメイカが手に入りやすく、日々の常備菜としてはもちろん、おせちにもよく作られるようです。具材を漬けだれに数日漬け込み、味を含ませることで日持ちし、日に日にふっくらとしてくるスルメイカの食感を味わうのも楽しい。昆布が入れば松前漬け風にもなり、アレンジも自由自在。炊き込みご飯や焼きそば、焼き飯の具に、長ネギや三つ葉、タマネギ、ゴボウをあわせたかき揚げもおいしいです。最近は細切りになった便利なスルメイカもあり、ニンジンさえ切ればあっという間にできますが、おいしくなるまでには2日ほどかかります。

こづゆ

材料 | 2〜3人分 |

貝柱(乾物)	小4個くらい
干し椎茸	1枚
生キクラゲ	10g
豆麩	10g
ニンジン	60g
里芋	200g
銀杏(水煮)	6〜8粒
タケノコ	60g
糸コンニャク	100g
しょうゆ	大さじ1/2
みりん	大さじ1
塩	適量

1 貝柱と干し椎茸は3カップの水(分量外)につけてひと晩おく。

2 ①の干し椎茸、キクラゲ、ニンジン、里芋、タケノコは小さめのひと口大に切り揃える。

3 糸コンニャクは湯でさっとゆでて食べやすい長さに切る。

4 ①の貝柱と戻し汁を鍋に入れ、豆麩以外の具を加えて煮る。

5 全体にやわらかくなったら豆麩、しょうゆ、みりんを加えてひと煮し、塩で味を調える。

ホッキめしのおにぎり

材料 | 約8〜10個分 |

ホッキ貝		6個くらい(150g)
ショウガ(千切り)		ひとかけ
米		2合
A	しょうゆ	大さじ2と1/2
	酒	1/4カップ
	砂糖	ひとつまみ
塩		適量

1 ホッキ貝はさっと塩水で洗って水気をふきとり、鍋に入れる。2カップの水と、**A**をあわせてさっと火を通し、煮汁ごと冷ます。冷めたらホッキ貝を細切りにする。

2 米は普段どおりにとぎ、ざるにあげる。

3 炊飯器に②を入れ、①の煮汁だけを加え、普段どおりの水加減まで水を足し、浸水させる。

4 ひと混ぜしてショウガを入れ、炊く。

5 炊き上がったら①のホッキ貝を加えて軽く混ぜる。手をぬらして塩を馴染ませ、おにぎりにする。

いかにんじん

材料 | 作りやすい分量 |

干しスルメイカ	60g
ニンジン	1本(100g)
ザラメ(ない場合は砂糖で代用)	大さじ2
酒	1/2カップ
しょうゆ	1/4カップ
みりん	大さじ2

1 スルメイカは細切りに、ニンジンは千切りにする。

2 鍋に酒とみりんを入れて煮切り、アルコールを飛ばしてから、ザラメ、しょうゆを入れてひと煮立ちしたら火を止める。

3 保存容器に①、②を入れて半日おき、上下を返してさらに半日おく。

*2〜3日冷蔵庫で寝かせておくと、スルメイカはふっくらと戻り、ニンジンはしんなりとして味が染みる。冷蔵庫で10日ほど保存可能。

しつらいこばなし

青森

椀　けの汁

米　若生おにぎり

肴　貝焼き味噌

青森のしつらいには、昔からその土地に根付いてきた伝統工芸や民芸の品を用いました。質実剛健な暮らしに寄り添う道具や、農業をなりわいとし農閑期に雪深い外の銀世界を避け、年間を通して家の中でもできる手作業の品など四季のリズムを感じさせる作品の数々です。

体が温まる[椀]けの汁に添えたのは津軽塗《つがるぬり》のお箸。津軽塗には日本三大美林の青森ヒバが使用されています。雪深いこの土地では、ヒバは他の木に比べて3倍もの時間をかけてゆっくりとまっすぐに育ちます。きめが細かくて緻密、歪みのない高級木材。津軽塗は、貝の輝きの意匠をはなつ螺鈿塗《らでんぬり》をはじめ、唐塗《からぬり》、紋紗塗《もんしゃぬり》、錦《にしき》塗《ぬり》が代表的です。どれも華やかで美しい豪華な塗りが特徴です。『ご当地食堂』で使った塗り箸は七々子塗。落ち着きの中に品が感じられます。漆を施し、菜種を蒔いて漆が渇いたらはがし、研ぎ上げていくと小さな輪紋が浮かび、それが魚の卵(ななこ)に似ていることからその名を付けられたようです。[肴]に添えられた葉はその津軽塗の塗り箸の材にも使われるヒバの葉。ヒバには抗菌効果があり、さまざまな用途で重宝されている植物です。[米]の器は葡萄蔓籠《ぶどうつるかご》。農閑期に籠を編むことは、道具を必要とする農家では日常的な作業。植物の刈り入れや、編む時期は決まっていて、傷みなく編みあげる秘訣があるようです。また、敷物には“裂織《さきおり》”と呼ばれる織物を。裂織はその昔、大切に使って古くなった布地や着物を裂いて紐状にし織り込み、生地をギュッと寄せて編むことで、風を通しにくく保温性の高い織物として、優れた手仕事です。この生地で作られた羽織やお包みはとても温かく、先人の知恵を感じます。

第二章

関東

Ibaraki Tochigi Gunma Saitama Chiba Tokyo Kanagawa

茨城

蓮根団子汁

茨城県は、レンコン生産量日本一。豊富な水と土壌に恵まれた霞ケ浦周辺は水温が高く、質の高いレンコンが育ちます。レンコンは煮ても焼いても揚げてもおいしく、切り方によってもシャキシャキ、ホクホク、ふわふわ、とろりと、食感の違いを味わえます。レンコン団子には挽き肉を混ぜて作るレシピもありますが、今回はあえてレンコンのみで作りました。すりおろしたとろみのある舌触りと、粗みじん切りにしたシャキッとした歯触りを楽しんでください。つなぎに粉を加えてよく混ぜてから形を作り、スープに落として煮ます。旬の季節なら、大ぶりに切ったレンコンも具にすれば糸を引きながら歯応えを味わえます。

蛤ご飯のおにぎり

茨城県東方の鹿島灘は親潮と黒潮がぶつかるため、豊富な海産物がとれることで知られています。沿岸部の砂地はハマグリの産地で、「鹿島灘ハマグリ」として高値で取り引きされるほど。昔はハマグリがよくとれ、地元では焼いたり、汁物や炊き込みご飯の具材にしたりと身近な食材でしたが、近年は輸入物の割合が増えて、国産は希少になりつつあります。そのため鹿島灘では、ハマグリを守るための活動が盛んに進められているそうです。ハマグリは夏の産卵期に向けて春くらいから身が大きくなり、旨味をたっぷりと蓄え、旬を迎えます。レシピはハマグリを砂糖じょうゆで甘辛く煮つけて、炊きたてのご飯に混ぜました。

春のハマグリは
旨味を蓄えた
大きな身が特徴

納豆の名産地
水戸で親しまれる
保存食です

そぼろ納豆

納豆の名産地である茨城県水戸市では、ひと昔前まで納豆は各家庭で手作りされ、その際に糸引きが悪かったり、余ったりすると、寒干しの大根とあわせて塩漬けにしていました。水戸の納豆は小粒の大豆で作られ、そぼろのようにも見えることからこの名がつき、方言で「しょぼろ納豆」とも呼ばれているそうです。切り干し大根も地元の味として知られており、そぼろ納豆は名産同士をあわせたお惣菜として親しまれています。近年は、しょうゆやみりんと一緒に漬けたり、煮詰めたりしてより日持ちするように工夫されているようです。手軽に作るなら、納豆のパックについているタレで和え、味つけするとよいと聞きました。

蓮根団子汁

材料 | 2〜3人分 |

レンコン	350g
ニンジン	60g
シメジ	80g
ショウガ	ひとかけ
セリ	適量
薄力粉、片栗粉	各大さじ2〜3
塩	小さじ1
薄口しょうゆ	大さじ1
出汁	4カップ

1 レンコンはよく洗って皮ごと3分の2くらいをすりおろし、残った分を粗みじん切りにする。

2 すりおろしたレンコンはざるにとって、自然に水気をきり、薄力粉、片栗粉、切ったレンコンをあわせて混ぜる。

3 鍋に出汁を温め、薄い半月切りにしたニンジン、ほぐしたシメジを入れて煮込み、火が通ったら、②をひと口大ずつスプーンですくって落とし、透明感が出るまで煮る。

4 薄口しょうゆと塩を加えて味を調え、おろしたショウガとざく切りにしたセリをあわせる。

蛤ご飯のおにぎり

材料 | おにぎり約8〜10個分 |

ハマグリ（正味）	100gくらい
米	2合
しょうゆ、砂糖	各小さじ2
塩	適量
昆布出汁	2カップ

1 ハマグリは殻ごとよく洗って、昆布出汁と水とともに火にかける。米はといでざるにあげておく。

2 沸騰してきたら昆布を取り出し、ふたをして殻が開くまで煮る。殻が開いたら火を止め、そのままおく。

3 ②のハマグリを取り出して身を殻からはずし、汁はペーパータオルを重ねたざるでこす。

4 炊飯器に米と③の汁を入れ、普段どおりの水加減に足りなかったら水を足して炊く。

5 ハマグリの身は小鍋に入れ、ひたひたの水、しょうゆ、砂糖をあわせて煮汁がなくなるまで煮る。

6 炊き上がったらハマグリを入れて十分に蒸らす。大きいハマグリは切ってから加える。軽く混ぜ、手をぬらして塩を馴染ませ、おにぎりにする。

そぼろ納豆

材料 | 作りやすい分量 |

納豆（小粒）	2パック（80g）
切り干し大根	10g
しょうゆ	適量
黒酢	小さじ1/2

1 納豆は熱湯をかけて洗い、ぬめりをとり、しょうゆ少々を混ぜておく。

2 切り干し大根はさっと洗ってから10分ほど水につけて戻し、長い場合は食べやすい長さに切り、水気を軽くしぼる。

3 ②にしょうゆ小さじ1〜1と1/2、黒酢をあわせ、15分ほどおいて馴染ませる。

4 ①と③を和える。

栃木

かみなり汁

椀

栃木名産の
かんぴょうを
たっぷりと入れて

雷が多いことで知られる土地ならではの汁物です。栃木名産のかんぴょうをたっぷりと入れ、出汁を含ませて作ります。夏の夕方に、もくもくとわく黒い雲を海苔で、ゴロゴロと大きな音をたてて落ちる稲妻の様子はたまごで表現したことからこの名がついたそう。地域のお祭りで振る舞われたり、学校給食の献立にも登場するほど、地元の皆さんに愛されている味です。夏バテのときには、豆腐や季節の野菜を入れ、具だくさんにして食べると力が出ます。かんぴょうは水で戻すだけや、ゆでるなど下ごしらえによってやわらかさが違います。甘辛く煮て寿司の具にすることが多いですが、和え物やサラダ、たまご焼きにもおすすめです。

栃木県内の清流に育つ鮎は貴重なタンパク源であったそう。初夏には漁が解禁となり、旬を迎えます。鮎はキュウリやスイカなどの香りがすることから香魚とも呼ばれ、特に、皮を香ばしく焼いた塩焼きは頭から尾まで食べられ人気です。レシピでは塩をやや強めにまぶした焼き鮎をご飯と一緒に炊き込みました。はらわたは独特の苦味があって、通の間では好まれますが、わたつき、わたなしは好みにあわせて作ってください。木の芽や山椒の実、新ショウガ、青ジソなど香りの薬味をあわせると、より一層夏らしいおにぎりになります。最近は、産地以外のスーパーの鮮魚コーナーにも鮎が並ぶようになり、手に入りやすくなりましたね。

鮎めしおにぎり

栃木

夕顔煮

わたまで食べられる
旬の夕顔に
出汁をあわせて

300年の歴史がある伝統食材、かんぴょうは県南が主な産地で、全国の98パーセントのシェアを誇ります。かんぴょうはウリ科の夕顔の実をひも状に剝《む》き、天日干しにしたもの。夏がかんぴょう作りの最盛期で早朝より収穫し、真夏の太陽に当てて、一気に仕上げます。地元出身の友人から「かんぴょう作りで残った夕顔のわたは種を除いて、しょうゆの甘辛味で油炒め煮にする」と聞きました。子どもの頃の夏休みはそれが毎日のように食卓に並び、ふわふわとしたわたの食感が忘れられないそう。夕顔のわたはなかなか手に入らないので、身近な冬瓜に代えて思い出の味を再現してみました。冬瓜は、実も一緒に煮つけます。

かみなり汁

材料 |2人分|

かんぴょう	干したもの10g
たまご	1個
薄口しょうゆ	小さじ1〜2
塩	小さじ1/4
刻み海苔	適量
出汁	2カップ

1 かんぴょうは水でもみ洗いしてから、5〜10分ゆで、食べやすい長さに切る。

2 出汁を温め、調味料と①を入れてひと煮し、ときたまごを回し入れて、好みのかたさになるまで火を通す。

3 器に盛りつけ、海苔をのせる。

鮎めしおにぎり

材料 |約8〜10個分|

鮎	2〜3尾
塩	適量
生姜(千切り)	ひとかけ
米	2合
木の芽	適宜

1 鮎はおなかを肛門に向かって押すようになぞり、排せつ物を出し、全体のぬめりを洗い流す。

2 鮎の重量の3%の塩をふって、魚焼きグリルなどでこんがりと焼く。

3 米はといで普段どおりの水加減で浸水させ、②とショウガをのせて炊く。炊けたら鮎を取り出し、骨を取り除いて、ほぐし、元に戻して軽く混ぜる。

4 手をぬらして塩を馴染ませ、③をおにぎりにし、好みで木の芽をあしらう。

夕顔煮

材料 |4人分|

冬瓜	500g
油	大さじ1
出汁	3カップ
しょうゆ、砂糖、みりん	各小さじ2

1 冬瓜は皮をむいて、わたについている種を除く。指先で押し出すととりやすい。

2 わたごと実をひと口大に切り、鍋に入れ、油を回しかけて中火で軽く炒める。

3 出汁を加え、沸騰してきたら調味料をあわせ、ペーパータオルの落としぶたをして弱めの中火で20分ほど煮る。

4 火を止め、冷ましながら味を含ませる。

群馬

おっきりこみ

汁のとろみで
体が温まる
おふくろの味

椀

養蚕と小麦作りが盛んな地域で、忙しい農家の女性たちが、手早く一度に大量に作ることができることで広まった麺料理です。塩を入れずに打つ生麺は、下ゆでせずに切っては入れ、切っては入れと作ったことからこの名がついたそうですよ。麺生地を麺棒に巻きつけて包丁で切り込みを入れ、幅広の麺にしながら鍋に放り込む様は職人技。野菜とおっきりこみを煮込むことで汁にとろみがつき、体が温まります。味つけは地域によって違い、しょうゆ味、味噌味、またはその両方で煮込みます。麺を下ゆでしないため、煮汁をかなり吸いますので、煮汁が少なくなったらその都度水または出汁を足しながら麺も野菜もやわらかく煮ます。

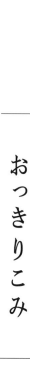

県

南西部に位置する下仁田町のネギは、町名がそのままネギの名前となっているほどの名産品です。株分かれのない一本ネギで、白根の部分は20cmほど、直径が6〜8cmもあり、太くて短いのが特徴です。辛味が強烈で生食には向いていません。熱を通すと、他のネギでは味わえない甘みがあり、ねっとりと柔らかく、格別の美味しさが生まれます。他の地域でも栽培を試み、品種改良して新品種もあるなか、やはり下仁田での在来種の味には追いつくことはできず、今ではたいへん貴重で高級な野菜の一つとなっています。そのネギを味噌とあわせてじっくりと加熱しながら練り上げ、香ばしく焼いておにぎりにのせてみました。

熱を通すと
甘くてやわらかい
格別な味わいに

下仁田ねぎ味噌の焼きおにぎり

こんにゃくの田楽味噌

生産量日本一
豊かな土壌で育つ
群馬のコンニャク

コンニャクは、東南アジア原産のサトイモ科の植物で、日本へ伝わりました。原料のコンニャクイモは栽培がとても難しく、大きく育てるには3年もの月日がかかります。群馬の火山灰を含んだ土壌は水はけがよく栽培に適しており、全国で9割のシェアを誇る名産地となりました。産地ならではの生芋から作るコンニャクは弾力があり、口に入れるとコシを強く感じ、味の染み込みがいいです。地元で絶大な支持を得ており、惣菜作りに欠かせない存在となっています。コンニャクは下ゆでしたり、炒りつけて余分な水分をとることで独特な臭みがとれ、味が入りやすくなり、一層おいしくなるので、手間を惜しまず調理しましょう。

おっきりこみ

材料 | 3〜4人分 |

鶏もも肉	100g
油揚げ	1/2枚
長ネギ（あれば下仁田ネギ）	1/2本
大根、カボチャ、里芋、シメジ	各100g
ニンジン、ゴボウ	各50g
白菜の葉	1枚
椎茸	2枚
油	小さじ2
おっきりこみ（市販品）	80gくらい
味噌、しょうゆ	各適量

1 具材はすべて食べやすい大きさに切る。

2 大きめの鍋に鶏肉と油を入れ、中火にかけて炒めてから、他の具材を入れて軽く炒めあわせる。

3 水5カップ（分量外）を入れて野菜が煮えるまでふたをして中火で煮込み、味噌、しょうゆを各大さじ1ずつとおっきりこみを加えてさらに煮込む。

4 味噌としょうゆを加えて味を調える。

下仁田ねぎ味噌の焼きおにぎり

材料 | 約8〜10個分 |

下仁田ネギ		1/2本（100g）
青唐辛子		1本
米		2合
A	味噌	60g
A	砂糖、酒	各大さじ1
油		大さじ2

1 ネギと青唐辛子は粗く刻む。

2 鍋またはフライパンに油と①、Aをあわせて弱めの中火にかけ、つやが出るまで練りながら炒める。

3 米は普段どおりにといで浸水させてから炊く。手をぬらして塩（分量外）を馴染ませておにぎりにし、1時間ほどおく。

4 ③をフライパンや網で焼き、こんがりと焼き色がついたら、②を適量塗る。

こんにゃくの田楽味噌

材料 | 作りやすい分量 |

コンニャク（白黒）		各適量
A	味噌	200g
A	砂糖	大さじ6
A	みりん	大さじ3
A	酒	大さじ2

1 コンニャクは下ゆでしてアクを抜き、片面に格子状に切り込みを入れてから、食べやすい大きさに切って串に刺す。

2 鍋にAを入れ、弱めの中火で、焦がさないようつやが出るまで練り混ぜる。

3 ①を昆布出汁（分量外）で温め、②を適量のせる。

埼玉

深谷ねぎのお味噌汁

椀

SAITAMA

埼玉県北西部に位置する深谷市で作られる深谷ネギは、白い部分が太く長く、リンゴやメロンと同じくらいの糖度があります。繊維がきめ細かくやわらかいのですが、煮崩れせず、形はそのままなのに、口に入れるとトロリと溶ける食感。一年を通して収穫され、収穫の季節により春ネギ、夏ネギ、秋冬ネギと呼びます。夏は、生のまま薬味として使ったり、さっと煮たり、炒めてしゃきっとした口当たりを楽しむのもおすすめ。調理によって切り方を変え、繊維に沿って縦に切るか、断ち切るかで火の通り具合や口当たり、舌触りが違ってきます。根も泥を落とせば食べられますし、先の緑の部分も一緒に、丸ごと無駄なく食べたいですね。

かてめしのおにぎり

米の生産量が少なく貴重とされた時代に、埼玉県秩父地方を中心に生まれたレシピです。全体量を増やすために、味つけした大根やニンジン、芋などをご飯に混ぜて炊いたことが始まり。混ぜ合わせるという意味を持つ「糅《か》てる」や、量を増やすという意味を持つ「糧《かて》」という言葉から名前がついたといわれますが、由来は諸説あります。県の北部では酢飯に地域の食材を混ぜ、南部ではご飯や茶飯に乾燥させた里芋の茎の部分である「ズイキ」を混ぜます。桃の節句やお盆の入りなどハレの日に食べられ、家庭のスタイルによって、炊き込むか、混ぜご飯にするそうです。具材が多く、握りにくい場合はラップを使って形を作るといいですよ。

具材たっぷり
満足感抜群の
ごちそうめし

中津川いも田楽

皮ごとおいしい
幻の芋を
田楽にして

埼玉県秩父市大滝地区の特産品「中津川いも」は、小ぶりなサイズのジャガイモ。淡い桃色をした皮は焼くとパリッとして、丸ごと食べられます。煮崩れしたり割れたりしにくいことから、串刺しにして囲炉裏で焼き、エゴマ入りの甘い味噌だれをつけて田楽にするのが定番です。中津川いもは肥料や農薬をできるだけ使わず、手間をかけて栽培されることから、生産者がごくわずかで市場にはほぼ出回りません。地元の直売所のみで手に入る貴重な芋です。ほかのジャガイモにはない心地よい粘りがあると地元の方から伺いました。手に入ればぜひ味わってみたいものです。残念ながら中津川いもの旬が過ぎていたため、撮影は小芋を使っています。

深谷ねぎの味噌汁

材料 | 2人分 |

深谷ネギ	1/2本
出汁	2カップ
味噌	大さじ1～2

1 ネギは1cm幅の斜め切りにする。

2 鍋に出汁を温め、①を入れてさっと煮て火を通す。

3 味噌を溶き入れ、火を止める。

かてめしのおにぎり

材料 | 約8～10個分 |

ニンジン、ゴボウ	各40g
干し椎茸	2枚
凍り豆腐	10g
油揚げ	1/2枚
刻み昆布（乾物）	3g
米	2合
薄口しょうゆ	大さじ2
塩	適量

1 米は普段通りにとぎ、ひたひたの水とあわせて浸水させておく。

2 ニンジン、ゴボウは短く細切りにする。干し椎茸は水で戻して千切りにし、戻し汁はとっておく。凍り豆腐はメーカーの表示通りに戻し、細切りにする。油揚げは一枚に開いて粗みじん切りにする。

3 炊飯器に①を入れ、椎茸の戻し汁を2合の目盛りまで加えたら、薄口しょうゆを入れてひと混ぜする。

4 ②と刻み昆布をのせて炊く。

5 炊き上がったら十分に蒸らし軽く混ぜる。

6 手をぬらして軽く塩を馴染ませておにぎりを握る。

中津川いも田楽

材料 | 2人分 |

	ジャガイモ	小8個
A	味噌	40g
A	エゴマ	30g
A	みりん	10g
A	砂糖	45g
A	しょうゆ、塩	各少々

1 ジャガイモは皮ごとよく洗って鍋に入れ、かぶるくらいの水とあわせて火にかけ、やわらかくなるまでゆでる。

2 Aを別の鍋に入れて火にかけ、つやが出るまで練り混ぜる。

3 ①を串に刺して魚焼きグリルやオーブントースターでこんがりと焼き、②を塗ってさらに焼く。

千葉

鰯のつみれ汁

潮汁《うしおじる》や味噌汁で
イワシを堪能する
県民の味です

椀

CHIBA

県内の学校給食の食材に使われるほど身近なイワシは、片口鰯、真鰯、潤目鰯《うるめいわし》など種類も多く、通年水揚げされています。九十九里町ではイワシの団子汁コンテストが開催されたこともあり、新たなイワシの味が披露されるほど、県民の皆さんから愛されています。つみれ汁は魚をおろし、たたいてミンチにし、ネギやショウガなどの薬味と味噌を加えて団子にした汁物。時にはアジやサンマ、サバを使うこともあり、潮汁や味噌仕立てなど、各家庭の味があるようです。青背の魚には、臭み消しの薬味は欠かせません。味噌が入ることでまろやかなつみれになります。イワシからおいしい旨味が出るので、出汁不要なところもいいですね。

あさりの炊き込みご飯おにぎり

アサリはしっかりと砂出しをしてから調理にかかります。砂が貝に残っていると口の中でジャリッとして料理が台なしに。まずは海水くらいの濃度の塩水に一晩つけておきます。浅瀬にいるように、ひたひたくらいの水量にし、暗くするとアサリは殻からはみ出すくらいの勢いで、砂を吐きます。殻同士をこすりあわせて、貝の表面の汚れをとるのも忘れずに。時間をかけて丁寧に洗います。下処理が済んだアサリはさっと火を通すだけ。短時間で美味しい味に仕上がるのはありがたい。富津《ふっつ》、木更津、船橋など東京湾沿いは潮干狩りが盛んで、シーズンになると県外からも多くの人が訪れるほどです。自分でとった貝の味はまた格別ですね。

千葉

さんが焼き

肴

まずは生のまま
次に加熱して
二度おいしいです

漢字で書くと「山家焼き」。漁師が船の上で釣った魚をさばいて包丁でたたき、味つけした、「なめろう」と呼ばれる料理を、山仕事に出かけるときにはアワビの殻に詰めて持ち歩いたそう。それを山小屋で焼いたり蒸したりして食べたのが、さんが焼きとなりました。なめろうはサバ、イワシ、アジなどの青背の魚で作り、イワシのつみれ同様に薬味と味噌でまとめます。まずは生のままなめろうとして食べ、次に加熱してさんが焼きで食べる。二度おいしい贅沢な料理ですが、地元ではごくごく普通の家庭料理なのだそうです。幼い頃、海水浴に出かけた御宿《おんじゅく》の宿でお皿いっぱいに盛られたさんが焼きが夕食に出たことを思い出しました。

鰯のつみれ汁

材料 | 2人分 |

イワシ		正味150g
A	長ネギ(みじん切り)	大さじ2
	味噌	小さじ1/2
	おろしショウガ	少々
	片栗粉	大さじ1
酒		大さじ1
しょうゆ		小さじ2
塩		適量
白髪ネギ		適量

1 イワシは包丁で粘りが出るまでたたいて細かくする。

2 **A**をあわせてさらにたたきながら、混ぜる。

3 水500ml(分量外)を鍋に入れて沸かし、②をひと口大に丸めて落とし、酒を加える。つみれに火が通ったら汁の味をみて、しょうゆと塩で調える。

4 器に盛りつけ、白髪ネギをあしらう。

あさりの炊き込みご飯おにぎり

材料 | 約8〜10個分 |

アサリ(むき身)		180g
米		2合
A	ショウガ(千切り)	ひとかけ
	しょうゆ、酒	各大さじ1
	塩	ふたつまみ
三つ葉		適量

1 アサリのむき身は塩水(分量外)で洗ってペーパータオルにのせて水をきる。

2 米を普段どおりにといで、浸水させる。

3 炊飯器に②を入れて**A**を混ぜ、2合の目盛りまで水を加えて①をのせ、炊く。

4 炊き上がったら軽く混ぜ、ぬらした手でおにぎりにし、刻んだ三つ葉をあしらう。

さんが焼き

材料 | 2人分 |

アジ		正味250g
A	長ネギ	10cm
	ショウガ	小ひとかけ分
	味噌	小さじ2〜3
	酒	大さじ1
	しょうゆ	少々
シソの葉		6枚
ゴマ油		小さじ2

1 アジは包丁で細かく切った後たたく。**A**の長ネギ、ショウガはみじん切りにする。

2 ①のアジに**A**をあわせて、たたきながら練り混ぜる。

3 6等分にし、小判形に整え、シソを巻く。

4 ゴマ油を熱して③を並べ、両面を焼く。

東京

練馬大根のお味噌汁

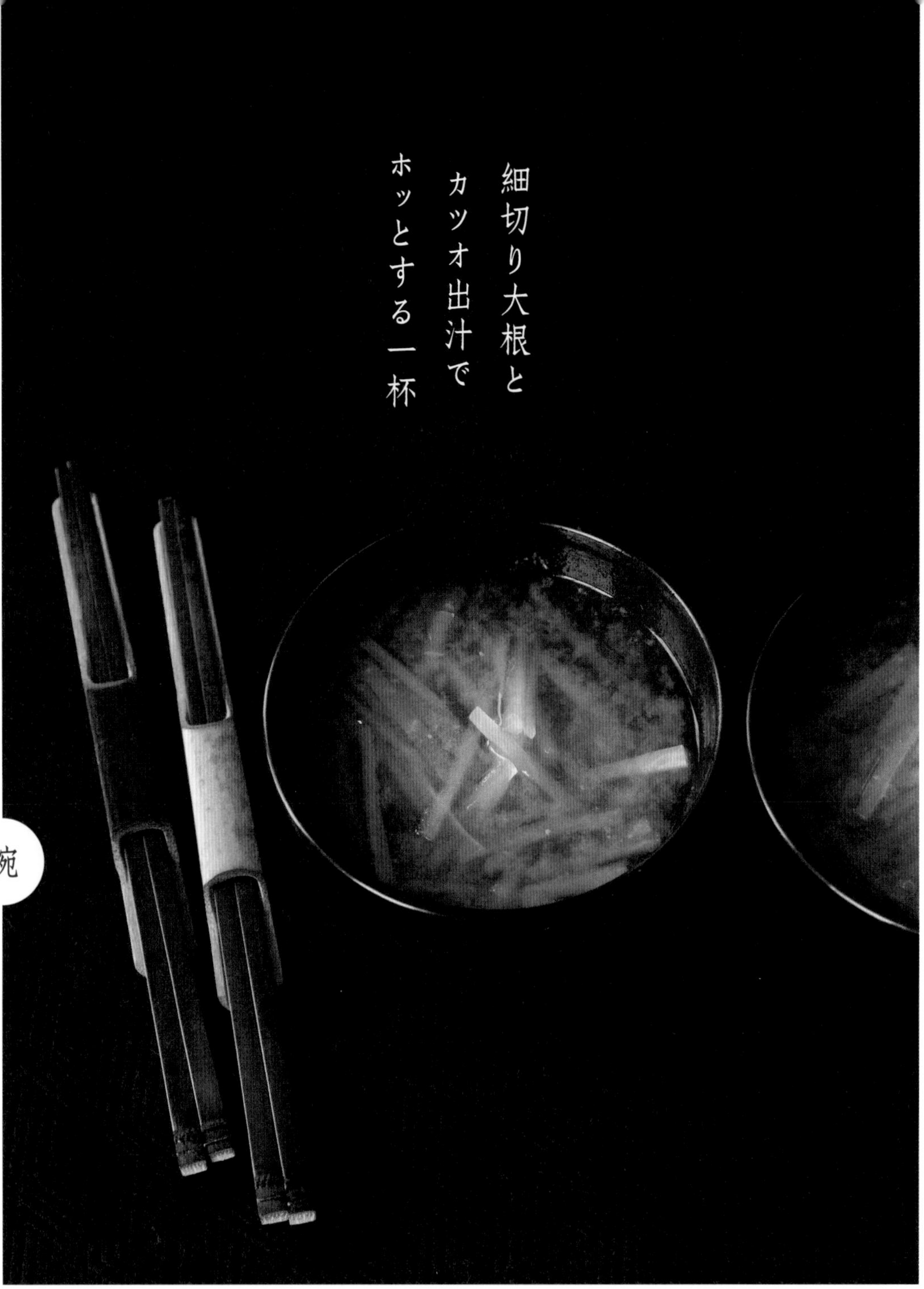

細切り大根と
カツオ出汁で
ホッとする一杯

今では貴重な東京の名産品、練馬大根の栽培は江戸時代ごろから始まります。富士山の火山灰が風化してできた練馬周辺の土壌は、根深く地中に入る野菜の生育に適しており、大根をはじめ、ゴボウやニンジンなどの根菜がよく作られたそうです。当時たくあん漬けが江戸っ子に親しまれ、細身の練馬大根の需要がありました。私的なことですが、明治に生まれ、代々東京で暮らした家で育った祖母は毎朝カツオ節でとった出汁と千六本切りの大根だけの味噌汁を好んでいました。レシピはその味を再現しています。細さ長さを切り揃えた大根は美しく、おいしさも倍増。シャキシャキの食感を残すか、くったりとやわらかに煮るかはお好みで。

深川めしのおにぎり

江戸時代、深川地区（現在の江東区付近）の隅田川沿岸はアサリがよくとれ、アサリのむき身と刻んだ長ネギを味噌味で煮込み、ご飯にぶっかけて食べる丼と、今回のレシピである炊き込みご飯の、趣の違う二つの深川めしが生まれました。前者は漁師が仕事の合間にさっと食べていたものとされ、後者は職人が弁当箱に詰めて仕事場へ向かったといわれています。どちらも新鮮なアサリから出る旨味がおいしさのポイント。炊き込みご飯の場合は、アサリが縮んでしまわないよう、あらかじめさっとアサリを煮た煮汁でご飯を炊き、炊けてからふっくら煮上がったアサリをあわせます。香り控えめな三つ葉の茎を添えました。

旨味が詰まった
新鮮なアサリの煮汁を
炊き込んで

うどのきんぴら

肴

穴蔵で栽培
アクが少ない
純白のウド

東京ウドは江戸時代以降に栽培が始まり、現在は都内一の生産量を誇る立川での栽培が盛んです。特徴は光の入らない室（むろ）と呼ばれる地下の穴蔵で栽培されることです。山ウドは青く野性味溢れる山菜のイメージですが、立川のウドは光に当てずに成長させるため、アクが少なく真っ白で透き通るような肌合いです。皮もやわらかいので皮ごと刻んできんぴらに。香りがよく爽やかに仕上がります。ひょろりとした1mくらいの長さの東京ウドに比べて、短茎で扱いやすい「立川こまち」というウドを市の特産品の普及のためにブランド化しているそう。数少ない日本原産の野菜であるウドの栽培を長く長く続けてほしいと願います。

練馬大根のお味噌汁

材料 | 2人分 |

大根	100g
味噌	大さじ1〜2
カツオ出汁	2カップ

1 大根は繊維に沿って幅・厚さ2〜3mm、長さ4cmの細切りにする。

2 出汁を温め、①を入れてやわらかくなるまで煮て、味噌を溶き入れ、火を止める。

深川めしのおにぎり

材料 | 約8〜10個分 |

アサリ(むき身)		150gくらい
ショウガ(千切り)		ひとかけ
三つ葉の茎		適量
米		2合
A	薄口しょうゆ	小さじ1〜2
A	酒	大さじ1
A	塩	適量

1 アサリは塩水(分量外)でよく洗い、ペーパータオルにのせて水気をふく。

2 米は普段どおりにとぎ、ざるにあげる。

3 アサリと水2カップ、Aを鍋に入れて火にかけ、ふつふつしてきたら弱火にして5分ほど煮る。アサリから塩分が出るので、味をみながら調味料を加減する。

4 アサリと煮汁を分け、煮汁は計量カップで量り、360mlと②をあわせて浸水させ、ショウガを加えて普段どおりに炊く。炊き上がりにアサリを加えてよく蒸らす。

5 三つ葉を加えて軽く混ぜる。手をぬらし、塩(分量外)を馴染ませておにぎりにする。

うどのきんぴら

材料 | 作りやすい分量 |

ウド	1本
酒、みりん、しょうゆ	各小さじ2
油	小さじ2〜3

1 ウドは5cm長さに切り、皮ごと繊維に沿って細切りにし、水に5分ほどさらす。

2 鍋に油を熱して水気をきった①を入れて炒め、油が全体にからんだら、酒、みりん、しょうゆの順に加えながら炒め合わせる。

神奈川

建長汁《けんちんじる》

椀

炒めて煮込む
風味豊かな
精進料理

建長汁は、鎌倉時代に建長《けんちょう》寺の僧侶によって中国から伝来した汁物です。７００年もの間代々伝わってきた精進料理の一つで、すべて植物性の素材で作ります。出汁は昆布と干し椎茸の戻し汁を使い、根菜や豆腐をゴマ油で焼きつけるように炒めてから煮込んでいきます。「けんちん汁」といわれる家庭料理はこの建長汁がはじめとなり、全国的にそのレシピが広まったという説もあります。優しい味の野菜や豆腐にゴマ油の風味が加わることで、味が引き立ち、食べ応えも出ます。できたては野菜の歯応えが楽しめ、少し時間をおいて食べると野菜はより出汁を含んでしっとりとした口当たりになり、これがまたおいしいのです。

御難《ごなん》おにぎり

難を逃れ
家内安全を願う
おにぎりです

鎌倉時代に幕府からおとがめを受けた日蓮聖人がゴマ入りのぼたもちの供養を受け、奇跡的に難を逃れたという言い伝えがあります。そのぼたもちが「御難おにぎり」の元となったといわれており、鎌倉の安国論寺に日蓮聖人が住んでいたことから、県の郷土の味となりました。御難とは災難に遭った方を敬う丁寧語とされ、今では家族の安全を願って作る風習があるそうです。ゴマの他、紅ショウガや青ジソ、小田原の名産である梅をご飯に混ぜて握ります。香りと塩味がうまい具合に混ざり、全体的に赤く染まる見た目も食欲をそそります。おなかが満たされることで、安心・安全で健やかな暮らしに結びついていくのでしょうね。

神奈川

しらすのかき揚げ

肴

KANAGAWA

生シラスを
明日葉とともに
こんがり揚げて

太平洋の黒潮にのって稚魚であるシラスが大群となって、プランクトンが豊富な相模湾にやってきます。シラスは一年中相模湾にいますが、年明けから春先にはその群れに鮎の稚魚が交じって泳いでいることから、鮎を守るために禁漁の時期を設けているそうです。江戸時代後期から漁は盛んに行われてきましたが、80年代に直売スタイルが確立されてからは「湘南シラス」として地元の名物になりました。とれたての生シラスやゆでたての釜揚げシラスをご飯にたっぷりとのせて食べたり、海のそばに自生する明日葉を摘んで生シラスとあわせてかき揚げにするのが定番です。シラスの水気に粉を馴染ませると、カリッと軽く揚がります。

建長汁

材料 ｜2人分｜

大根、レンコン、ニンジン	各60g
ゴボウ、里芋、コンニャク	各40g
小松菜	適量
干し椎茸	1枚
木綿豆腐	100g
昆布出汁	3カップ
塩	小さじ1
薄口しょうゆ	小さじ1〜2
ゴマ油	適量

1 干し椎茸は1カップの水（分量外）で戻し、薄切りにする。戻し汁はとっておく。

2 野菜（小松菜以外）はすべて食べやすく切り、コンニャクは下ゆでしてから手でちぎる。

3 豆腐は軽く水きりする。

4 鍋にゴマ油を熱し、②の野菜とコンニャク、椎茸を軽く炒め、豆腐も大きく崩しながら焼きつける。

5 昆布出汁と、①の戻し汁を④の鍋に加えて煮立たせ、調味料の半量を加え、ふたをして弱めの中火で15分ほど煮る。

6 野菜がやわらかく煮えたら、残りの調味料で味を調え、器に盛りつけ、ゆでて食べやすく切った小松菜を添える。

御難おにぎり

材料 ｜約8〜10個分｜

青ジソ	10枚
紅ショウガ	40g
カリカリ小梅	10個
白ゴマ	大さじ2
塩	適量
米	2合

1 米は普段どおりに研ぎ、浸水させて炊く。

2 青ジソは細切り、小梅は種を除いて果肉を細かく切る。

3 ①が炊けたら、②、紅ショウガ、白ゴマを加えて混ぜ、手をぬらし、塩を馴染ませておにぎりにする。

しらすのかき揚げ

材料 ｜2人分｜

生シラス、または釜揚げシラスやシラス干し	60g
明日葉	正味30g
薄力粉	大さじ3〜4
揚げ油、塩	各適量

1 生シラスは冷水で3、4回丁寧に洗い、ペーパータオルにのせて水気をきる。

2 明日葉は若い芽を摘んで刻む。

3 ボウルに①、②をあわせ、薄力粉を少しずつふって混ぜ、シラスの水気で粉がしっとりとしたら、ひと口大にまとめて、170度の油でこんがりと揚げる。

4 好みで塩をつけて食べる。

しつらいこばなし

東京

椀 練馬大根のお味噌汁

米 深川めしのおにぎり

肴 うどのきんぴら

江戸時代より芝居小屋の文化が今に伝えられ、東京では歌舞伎座や能楽堂など様々な劇場を今でも見ることができます。歌舞伎座の引き幕については諸説ありますが、定式幕《じょうしきまく》という江戸三座に許されていた左右に引いて開閉する幕の3色の配列は各座によって異なっていました。江戸三座のうち最も古い中村座は、左から黒、白、柿の3色の定式幕でした。現在は白ではなく萌黄《もえぎ》（緑）が使われ、順番も黒、柿、萌黄となっています。東京のご当地食堂ではその定式幕の起こりとされる中村座の元祖3色を各料理のベースに配色し、東京を表現する粋な仕立てにしてみました。

［椀］には竹細工職人・萩原末次郎さんの煤竹《すすたけ》箸を。200年近く経った茅葺《かやぶ》き屋根の家屋で、囲炉裏《いろり》の上にある天井の骨組みに使われていた竹を材に用いて作る煤竹工芸。囲炉裏の煙で燻された竹は年月を経て煤で艶やかになった部分や、結んであった縄を外した際に出る濃淡のグラデーションの煤跡がとても美しいです。茶事の道具ではそれが「景色」として珍重され、愉しまれます。日々変化する東京にも、まだまだ伝統工芸を続ける職人さんが多くいるのです。［米］の折敷《おしき》に明治創業の老舗、江戸結桶《ゆいおけ》「深川桶栄《おけえい》」の檜《ひのき》の敷板《しきいた》を。深川由来のアサリという小噺と偶然必然のつながり。樹齢数百年の檜材の良さを引き出す結桶師・川又栄風さんの潔い手仕事です。［肴］には東京生まれ、東京育ちの陶芸家・一柳京子さんの器を。洗練されたフォルムと奥深い釉薬《ゆうやく》の色みは食卓の美しい風景のスパイスとなって多くの人たちを魅了しています。

第三章

甲信越
北陸

Yamanashi

Nagano

Niigata

Toyama

Ishikawa

Fukui

山梨

みみ

季節の野菜とともに煮込んでおもてなし

小麦粉を練った生地をのばし、農機具の箕《み》のような形にしたことから、「みみ」という名が付いたといわれています。耳の形に似ているからとか、福をすくうという意味で福箕《ふくみ》と呼ばれたのが転じてともいわれ、名前の由来は諸説あるようです。主に富士川町十谷地域で作られており、元旦の朝食には「みみ」を神様にお供えしてから家族で食べるそうです。代々味を受け継いでいる家庭では、お祭りやお正月、お祝い事など人が集まる際には、箕の形にこだわって作り、季節の野菜とともに煮込んで客人をもてなすそうです。山梨県は山間の土地が多く、稲作ができなかったことから、代表的なほうとうなどの小麦文化が根強く残っています。

海のない県でなぜサンマめしなのか。調べてみると昭和の初めくらいに、新潟からきた業者がお祭りに塩サンマを持ち込み、新米と一緒に炊いたのが始まり。旬の味覚が出合い、農家では秋の収穫が無事終わったときにごちそうとして食べられていたそうです。現在は各家庭で親しまれる料理になりました。レシピでは焼きサンマを生米とあわせて香ばしく炊きますが、生のサンマを使っても。その場合はサンマのはらわたやエラを取り除き、塩をふってしばらくおいて、出てきた余分な水分をしっかりとふきとってから炊くと臭みがありません。薬味も加えて香りよく仕上げます。炊き上がったら熱いうちにサンマをほぐし混ぜましょう。

秋刀魚めしのおにぎり

山梨

せいだのたまじ

肴

「無駄なく食べる」
先人の知恵を
受け継いでいます

県の東に位置する上野原市桐原《ゆずりはら》に伝わるジャガイモの煮物。方言で「たまじ」と呼ばれる小さなジャガイモを使い、揚げたり、炒めたりして、油分を纏わせてから出汁と味噌で煮ます。江戸時代の名代官、中井清太《せいだ》夫《ゆう》が不作続きで困った際に、九州から種芋を持ち込み、ジャガイモ栽培を広め窮地を救ったことから、感謝を込めて「せいだ」という名前をつけたといわれています。現在は小芋を捨てずに無駄なく食べるという先人の知恵としても、この料理が受け継がれています。皮ごと煮るので、春に収穫される皮のやわらかな新ジャガイモで作ると、一層味が染みておいしいです。油で揚げることで、コクのある味に仕上がります。

みみ

材料 | 2人分 |

大根	60g
カボチャ	150g
ニンジン、ゴボウ	各50g
里芋	1個
A 薄力粉	150g
A 塩	ひとつまみ
A ぬるま湯	70〜80ml
煮干し出汁	3カップ
麦味噌、米味噌	あわせて大さじ2くらい

1 Aをあわせて練り混ぜ、ラップに包んで1時間ほどおき、打ち粉(分量外)をしながら薄くのばして4cm四方に切る。隣り合った二つの角をあわせるようにして形を作る。

2 野菜は食べやすく切り、出汁で煮る。

3 野菜がやわらかく煮えたら、①を加えて5分ほど煮て、味噌を溶き入れ味を調える。

秋刀魚めしのおにぎり

材料 | 約8〜10個分 |

サンマ	2尾
塩	適量
ショウガ(千切り)	適量
米	2合

1 サンマはエラと内臓を取り除き、塩をふって魚焼きグリルか網、またはフライパンで焼く。

2 米は普段どおりにとぎ、浸水させておく。

3 ②に焼いたサンマとショウガをのせて炊く。

4 十分に蒸らしてからサンマを取り出し、頭と骨を除いてから、身を戻して軽く混ぜる。

5 手をぬらして塩を馴染ませ、④をおにぎりにする。

せいだのたまじ

材料 | 作りやすい分量 |

ジャガイモ	小10個
A 味噌、砂糖	各大さじ2
A 出汁	2カップ
揚げ油	適量

1 ジャガイモは皮ごとよく洗って水気をふいて乾かし、揚げ鍋に入れ、ひたひたになるくらいまで油を注ぎ入れ、中火にかける。

2 ふつふつしてきたら弱めの中火で15分ほど揚げ煮にし、串を刺してすっと通ったら引き上げて油をきる。

3 Aとジャガイモを鍋に入れて中火にかけ、沸騰してきたら弱めの中火にし、ペーパータオルの落としぶたをして汁が少なくなるまで煮詰める。

長野

七夕汁

とろりとした
夕顔の食感が
癖になる一杯

椀

毎年旧暦の七夕に松本に住む知り合いのお宅に伺う機会があり、七夕汁をごちそうになります。この地域では庭や畑で夕顔を育て、七夕にその夕顔で汁物を作るのが習わしだと聞きました。夕顔は煮たり炒めたりすると、いい意味での青臭さととろりとした口当たりが相まって、癖になる味です。七夕の頃には松本駅前のスーパーで、まゆ玉のようなひと口サイズの乾燥油揚げが棚にずらりと並んでいました。この油揚げが味の決め手で、この時期にしか手に入らない七夕汁のための食材。ふんわりと汁に溶け込むようなやわらかさが特徴的です。レシピは身近な食材で作れるよう、夕顔は冬瓜で代用し、夏野菜をたっぷりあわせて作りました。

くるみ味噌のおにぎり

餅やそば
ご飯にも合う
人気の常備菜

ひと昔前までは、くるみを使った料理は人が集まるときのごちそうでした。くるみを割って、実を取り出して、煎る……手間と時間がかかる料理でもてなしていたのでしょう。信州はくるみの生産が盛んなため、くるみダレで食べる五平餅やくるみそばは馴染み深い味です。家庭でも白和えやゴマ和えと同じようにくるみ和えも日々の食卓に上ります。くるみを信州味噌と練りあわせれば、白いご飯によく合う常備菜に。おにぎりの具にしたり、塗って焼きおにぎりにしたりしてもおいしいです。殻が割りやすいカシグルミが一般的になりつつありますが、殻が厚くて割りにくいオニグルミで作ると格別濃厚で香りよい、ごちそうになります。

長野

きゅうりのカリカリ漬け

長野の保存食の一つ。夏の間に収穫したキュウリを大きな樽に大量の塩とともに入れ、重しでキュウリがぺったんこになるほどよく漬けたものを薄く切ってから塩抜きします。その水気をよく絞り、しょうゆ味で煮つけたのがカリカリ漬け。煮つけてもカリカリッとした歯触りが残るのは、塩抜きした後によく水気をしぼるから。甘辛味にほんのり酸味が効いたさっぱりとした漬物はご飯どろぼう。これさえあれば何杯でもおかわりししまうほど、ご飯に合います。雪深く寒い長野では、夏の間に作りおく保存食が冬の食卓を豊かにしてくれます。一から保存食を作るのは難しいので、レシピでは簡易に半日くらいでできる漬物レシピにしてみました。

七夕汁

材料 | 3〜4人分 |

冬瓜	1/8個くらい(約100g)
ニンジン	1/4本
ナス	1本
カボチャ	1/10個(約100g)
タマネギ	1/4個
キュウリ	1本
乾燥油揚げ	適量
出汁	4カップ
塩	小さじ1/2
しょうゆ	小さじ1〜2

1 野菜はすべて食べやすく切る。

2 油揚げはひと口大に割る。

3 出汁を温め、①を入れて煮て、やわらかくなってきたら、油揚げを入れ、調味料で味を調える。

くるみ味噌のおにぎり

材料 | 約4〜5個分 |

くるみ		30g
米		1合
塩		適量
A	味噌	大さじ1と1/2
A	砂糖、みりん	各大さじ1
A	しょうゆ	小さじ1/2

1 鍋にくるみを入れて弱火にかけ、軽く煎る。

2 ①を細かく切るか、すりばちで粗くあたり、Aをあわせてよく練り混ぜる。

3 米は普段通りにとぎ、浸水させて炊く。

4 手をぬらし塩を馴染ませ、おにぎりにする。②のくるみ味噌を中に忍ばせるか、上にのせる。

きゅうりのカリカリ漬け

材料 | 作りやすい分量 |

キュウリ		5本
塩		キュウリの重量の1%
シソの実		2枝くらい
A	しょうゆ、酒	各大さじ2
A	砂糖	大さじ1
A	酢	小さじ1

1 キュウリは薄い輪切りにし、塩をまぶして15分ほどおく。シソの実は水に5分ほどさらす。

2 キュウリは水気をよくしぼり、ざるに広げて2時間ほど皮が波打つくらいまで天日に干す。

3 小鍋にAを入れて煮立たせて火を止める。②と①の穂紫ジソを加えて1時間ほどおき、味を馴染ませる。

新潟

のっぺ汁

のっぺとは里芋などから出る粘りでとろみがつく煮物のことで、そこに汁を加えたのがのっぺ汁です。お正月、お祭り、お盆や冠婚葬祭には必ず食す県民の味で魚介類や肉、野菜とバラエティ豊かな具が入り、見た目も華やかなごちそうです。具材や味つけ、とろみの有無は各家庭の好みがあり、代々受け継ぐレシピがあるようです。鮭や貝柱などの海鮮から出る出汁と、鶏肉などの出汁、野菜の旨味が濃いので、味つけは控えめに一つ一つの具材の味を大事にして、優しい口当たりに仕上げます。最後にイクラをトッピングするのも決まりではなく、お正月のときだけイクラがのっていたというご家庭の話も聞きました。

笹寿司

熊笹の上に酢飯を平らにのせ、地元でとれた山菜などの具材や薬味をトッピングした素朴な家庭料理です。普段食べ慣れている食材がのっているためか、ほっとする味であり、しかも酢飯は、時間をかけて食べてもかたくならないのがよいところ。その昔、上杉謙信が川中島の合戦で熊笹で包んだご飯を携帯食としていたことから、上越地方を中心として、長野県の北飯山地方までこの味が伝わったともいわれています。現地でいただいたときには、ほとんどの家庭やお店で紅ショウガが欠かせないようでした。味のためでもあるのでしょうが、彩りのポイントにもなっています。撮影時は鉢の器に重ねて盛りつけ、葉ごと取り分けました。

素朴な具材をのせ
家庭で楽しむ
ほっとする寿司

神楽南蛮味噌

甘辛い味噌に
白飯が進む
まさにご飯のおともです

神楽南蛮はピーマンの姿に似ていて、大きさはピーマンよりもひとまわりほど小さく、コロンと丸くてゴツゴツとした凹凸のある唐辛子。その姿が神楽のお面に見えることから、この名がついたといわれています。肉厚で青々とした爽やかな辛味が特徴で、わたと種に辛味があるので、丸ごとザクザクと切って使います。近年は神楽南蛮を作る農家さんが限られているとのことで、手に入れるのも簡単ではありませんでした。ピリリとする辛味と甘めの味噌の組み合わせは白飯に欠かせない味。他にも、おにぎりや巻き寿司の具にしたり、炒め物の調味料としても使います。貴重な味をこれからも作り続けていただきたいものです。

のっぺ汁

材料 | 2人分 |

A	鶏もも肉	60g
	ニンジン	30g
	レンコン	40g
	里芋	2個
	ゴボウ	30g
	シメジ	30g
	コンニャク	30g
	干し椎茸	1枚
	ホタテ缶	50g
	カマボコ	2枚
	昆布出汁	3カップ
	塩	適量
	しょうゆ	小さじ2
	イクラしょうゆ漬け、または塩漬け	適量
	絹サヤ	3、4枚

1　干し椎茸は水（分量外）で戻し、薄切りにし、戻し汁はとっておく。他の具材Aはすべて食べやすく切り、コンニャクは下ゆでしておく。

2　鍋に昆布出汁を温め、①と椎茸の戻し汁大さじ3、ホタテを缶汁ごと入れて野菜がやわらかくなるまで煮る。

3　カマボコを加え、味をみて塩としょうゆで調える。器に盛り付け、イクラとゆでて斜め切りにした絹サヤをあしらう。

笹寿司

材料 | 約8〜10個分 |

米	2合
酢	大さじ4
砂糖	大さじ3
塩	小さじ1/2
干し椎茸	2枚
A［しょうゆ、砂糖	各大さじ1
錦糸玉子、鮭そぼろ、紅生姜、クルミ味噌、味つき山菜、おぼろなど	適宜
熊笹の葉	10枚

1　干し椎茸は1カップの水（分量外）につけて戻し、薄切りにする。戻し汁はとっておく。

2　鍋に①と戻し汁をかぶるくらいまで注ぎ入れ、Aをあわせて落としぶたをし、煮汁がなくなるまで煮たら火を止めて冷ましておく。

3　米をといで浸水させ普段どおりに炊き、炊き上がったら酢、砂糖、塩を直接加えて混ぜ、酢飯を作る。

4　熊笹の葉は一度水につけて水分を含ませてから軽くふき、酢飯を等分してのせ、好みの具材をのせる。

神楽南蛮味噌

材料 | 作りやすい分量 |

神楽南蛮	5個
ショウガ	1かけ
シソの葉	10枚
味噌	100g
砂糖	大さじ2
ゴマ油	大さじ1

1　神楽南蛮とシソの葉は粗みじんに切りにし、ショウガはみじん切りにする。

2　ゴマ油を熱して①を軽く炒め、味噌と砂糖をあわせて練るようにして炒め、味噌がゆるんでつやが出てきたらでき上がり。

富山

鱈汁

富山県発祥
芯から温まる
豪快な汁です

タラ漁に出た漁師の帰りを待つ妻たちが、大鍋でタラ汁を作り、無事に戻った夫を出迎えていたことから郷土の味になりました。富山県の東端にある朝日町が発祥の地といわれており、今でも朝日町宮崎地区には「鱈汁」を出す飲食店が並び、鱈汁街道とも呼ばれているそうです。スケソウダラを一尾丸ごとぶつ切りにし、肝も白子も入れて豪快に作ります。水から煮出すのがポイント。ホロホロに煮上がる身や、とろんとした白子、粒々の食感が心地よいタラコなど、具のおいしさは申し分ないのですが、別格なのは汁のおいしさ。タラの皮や骨からも旨味がたっぷりと出て、味噌の味と相まって、体を芯から温めてくれます。

とろろ昆布のおにぎり

ふわふわ昆布を
お米に纏わせ
優しい食感に

とろろ昆布は酢漬けにした昆布を重ねあわせて固め、表面を薄く削り出して作ります。表面は黒くて酸味が強く、中心に近くなると白く酸味が和らぎ優しい食感に。汁物や和え物、麺との相性がよく、盛りつけの際にふんわりとのせます。富山県は昆布の消費量が多く、旅した際にも昆布を売る店を多くみかけ、スーパーでも昆布の棚がとても広かったのが印象的でした。飲食店では魚や野菜の昆布締めをいただき、思い出の味となっています。しかし富山では昆布の漁獲量はほぼなく、流通している大半は北海道産。江戸時代に日本海沿岸を行き来していた北前船が富山（越中）にも寄港していたことから昆布文化が根づいたといわれています。

富山

ホタルイカの酢味噌和え

富山湾の神秘
ホタルイカで
春の味わいを

肴

TOYAMA

ホタルイカは水深の深いところに生息していますが、3月ごろの夜になると産卵のため沿岸に集まります。全身が青白く光るため富山湾の神秘といわれ、海面近くを漂う様子は幻想的で春の風物詩となっています。3～6月ごろの春季のみ漁が許されており、ホタルイカを守る活動も活発です。水揚げされたホタルイカは、新鮮なうちにゆでると旨味が濃厚に。胴が丸々と膨らみ、耳が蝶々のように広がったらゆで上がりの合図です。そのまま食べる他、オリーブオイルで炒めたり甘辛く煮つけてもおいしいです。レシピの酢味噌和えは富山の春を代表する料理として親しまれ、各家庭でよく作られています。菜の花の昆布締めを添えました。

鱈汁

材料 | 2〜3人分 |

タラ(ぶつ切りや切り身、白子、生タラコなどあわせて)	500gくらい
水	5カップ
昆布(5cm角)	1枚
味噌	大さじ3くらい

1 タラの身はしっかり水気をふきとる。白子はさっと塩水で洗ってペーパータオルにのせて水気をきり、食べやすく切る。生タラコもさっと塩水で洗う。

2 鍋にタラの身と昆布、分量の水をあわせて中火にかけ、沸騰直前で昆布は取り出し、アクが出てきたら取り除き、半量の味噌をあわせて10分ほど煮込む。

3 白子とタラコを加えてさらに5分ほど煮て、タラコに火が通ったら、タラコだけ取り出して食べやすく切って鍋に戻す。

4 残りの味噌を溶き入れて火を止める。

とろろ昆布のおにぎり

材料 | 約8〜10個分 |

米	2合
とろろ昆布	適量
塩	適量

1 米は普段どおりにとぎ、浸水させて炊く。

2 炊き上がったら、冷めないうちに手をぬらし、塩を馴染ませ、おにぎりにする。

3 とろろ昆布を薄く広げて、その上におにぎりを置いて優しく転がしとろろ昆布を纏わせる。

ホタルイカの酢味噌和え

材料 | 2〜3人分 |

ホタルイカ(ボイルしたもの)		20個
A	白味噌	大さじ3
A	酢、砂糖	各大さじ1と1/2
A	和ガラシ	小さじ1/2程度
菜の花		1/2束
昆布(10cm四方)		2枚
塩		適量

1 菜の花はさっと塩ゆでし、冷水にとって色止めしたら、軽くしぼって昆布で挟み、ひと晩冷蔵庫において昆布締めにする。

2 ホタルイカは目をとる。

3 **A**を混ぜ合わせておく。

4 器にホタルイカと、食べやすく切った①の菜の花を盛りつけ③をかける。

めった汁

石川

サツマイモの
甘さが加わり
癖になる味に

椀

豚肉が貴重だった頃、めったに食べられない汁、やたらめったら具を入れる、など諸説あっての呼び名だそうです。市町村のお祭り、冬のスキー場でも振る舞われるほど馴染みがある味で、必ず入れる具は豚肉とサツマイモ。調味に酒粕を入れることも。レシピは味噌味にし、豚汁風にしました。サツマイモをあわせると口の中でしょっぱいと甘いが交互に味わえて癖になります。加賀野菜のサツマイモ「五郎島金時」で作ればぐっと郷土感が増します。海沿いの県ですから当然海の幸が豊富に入った汁物と思っていたら、一番の候補が豚肉と野菜の汁で少々面食らいました。日々の暮らしに寄り添った味わいが愛される理由なんでしょうね。

ふぐの子ぬか漬けのおにぎり

能登ではトラフグ、ゴマフグ、マフグなど多種の天然フグが水揚げされ、漁獲量全国1位を誇る石川県。そのため、フグの加工も盛んで、フグの一夜干しや卵巣の粕漬け、ぬか漬けなどの珍味があります。中でも卵巣は毒があり、生では食べられませんが、塩水に漬けること1年、ぬかや酒粕に漬けて2年の間に、毒素が抜けて食用となります。3年もの時間をかけるんですね。塩気が強いので、薄く切って酒のアテに、お茶漬けの具として食べます。プチプチとした舌触りと、独特の塩気が後を引くおいしさ。レシピではさっとあぶった子ぬか漬けをほぐして、炊きたてのご飯に混ぜ、ひと口で食べられるように、小ぶりに握りました。

プチプチの食感
独特の塩気が
後を引くおいしさ

石川

かぶら寿司

寿司といっても酢飯を使う寿司ではなく、主に年末年始に食べられる伝統的な漬物のこと。本来は各家庭で作られていたものが、近年はお正月に食べる一品として、お歳暮などで商品を贈りあうようになったと聞きました。青首かぶらという種類の大きなカブを分厚く切って塩漬けにし、ブリを挟み、麹を絡めて発酵させます。仕上がりはほどよくブリがカブに馴染み、口に入れると魚の旨味がアクセントになって、カブが一層おいしくなります。日本酒が進む味ですね。レシピでは手軽に作れるよう、スモークサーモンと甘酒を使って発酵しているような味わいにアレンジしました。甘酒と白味噌の味によって、混ぜる割合は加減してください。

めった汁

材料 ｜2人分｜

豚バラ薄切り肉	80g
サツマイモ	小1/2本（100g）
大根	2cm（50g）
ニンジン	1/4本（40g）
ゴボウ	5cm（25g）
長ネギ	6cm
油揚げ	1/3枚
出汁	2と1/2カップ
味噌	大さじ1と1/2
しょうゆ	少々

1 豚肉、野菜、油揚げは食べやすい大きさに切る。ゴボウはやや小さめに切る。サツマイモとゴボウは5分ほど水にさらしてアクを抜く。

2 鍋に出汁と①をあわせて、野菜がやわらかくなるまで煮る。

3 味噌を溶き入れ、味をみてしょうゆで調える。

ふぐの子ぬか漬けのおにぎり

材料 ｜約4～5個分｜

ふぐの子ぬか漬け	30gくらい
炊きたてのご飯	1合分
塩	適量

1 ふぐの子ぬか漬けは軽くぬかを落として、薄く切り、アルミホイルにのせて、オーブントースターやフライパン、魚焼きグリルなどでさっと焼く。

2 皮を除いて炊きたてのご飯に混ぜる。

3 手をぬらして塩を馴染ませ、②をピンポン球くらいの大きさに握る。

かぶら寿司

材料 ｜作りやすい分量｜

スモークサーモン（薄切り）	12枚
ニンジン（細切り）	1/2本
カブ	6個（600g）
塩	かぶの3%（18g）
甘酒	1カップ
白味噌	小さじ1

1 カブは皮をむいて横に4等分に切る。塩をまぶし、軽く重しをして2晩ほどおき、しっかりと水が上がるまで待つ。

2 ①の水気をきって、2枚1組とし、サーモンを1枚ずつ折りたたむようにして挟む。

3 バットに重ならないよう並べ、ニンジンをちりばめ、白味噌を溶いた甘酒を回しかけて、軽く重しをして冷蔵庫で1日おいて味を馴染ませる。

福井

打ち豆汁

栄養たっぷりの
打ち豆で
体が温まる一杯

椀

FUKUI

厳しい冬を越すために栄養価の高い大豆は打ち豆として保存活用されてきました。水で戻した豆を石臼の上に置き、木槌で打つと大豆が薄く平たくなり、それを乾燥したものが打ち豆となります。面が広がったことで、豆とはいえ、10分も煮込むと出汁を含んでやわらかくなることから、時短につながり、日々の汁の具になりました。汁物以外に煮物やサラダ、炊き込みご飯や和え物としても重宝され、各家庭で打ち豆は常備される乾物となっています。レシピは秋冬の根菜で作っていますが、季節の旬の野菜と打ち豆をあわせてもおいしいです。平たい打ち豆は小花のような形で、味も見た目も可愛いらしくアクセントになります。

油揚げの炊き込みご飯のおにぎり

福井県は、昔から仏事と暮らしが密接に結びついていた土地です。名物の分厚い油揚げが精進料理として知られる曹洞宗大本山永平寺の食事に欠かせなかったことから、油揚げ入りの炊き込みご飯が世間に広まりました。今では一般家庭でも人が集まるときのご飯として親しまれています。福井県は、油揚げの消費が日本一なのだそうですよ。また、米どころとしても知られていて、清流の川、米づくりに適した粘土質の土地、年間2000㎜にも及ぶ雨や雪がおいしい米を育てるのだそうです。レシピでは分厚い油揚げの代わりに厚揚げで作りました。しっとりとご飯に馴染んで握りやすく、冷めてもおいしくいただけます。

油揚げが馴染み
冷めてもおいしい
おにぎりに

肴

主役はナス
知恵が詰まった
保存食

はまな味噌

福井

大豆や麦、麹やもろみ、しょうゆ麹などとあわせ発酵させてから、ナスやシソの実、ゴマを加えて作るおかず味噌。その組み合わせは作り手によって違い、味もさまざま。ただ全体的に甘めに作る傾向にあるようです。徳川家康が兵糧として浜名湖あたりで作らせた「浜なっとう」が元祖ともいわれており、越前をまかされた者が広めたとの説も。具材の主役はナス。夏から秋にかけて収穫されたナスを塩漬けにしておき、雪深くなる前に麹などの材料とあわせて仕込みます。先人の知恵が詰まった保存食です。レシピは甘酒を使い、発酵風味に仕上げました。薬味が味の決め手で、シソの実、ショウガの香りや味が全体をまとめてくれます。

打ち豆汁

材料 | 2〜3人分 |

打ち豆	10g
大根	2cm(60g)
ニンジン	1/3本(40g)
里芋	2個
ゴボウ	1/3本
油揚げ	1/3枚
昆布出汁	2と1/2カップ
味噌	大さじ1と1/2〜2

1 油揚げは細切りにし、野菜は食べやすく切る。

2 昆布出汁に①とさっと洗った打ち豆を入れて煮る。

3 全体にやわらかく煮えたら、味噌を溶き入れ、器に盛りつける。

油揚げの炊き込みご飯のおにぎり

材料 | 約8〜10個分 |

厚揚げ	1枚(150g)
米	2合
薄口しょうゆ	大さじ2
青ジソの葉(千切り)	少々

1 厚揚げは2〜3mmの幅に切る。

2 米は普段どおりにとぎ、浸水させる。薄口しょうゆをあわせてひと混ぜし、①をのせて普段どおりに炊く。

3 ②でおにぎりを作り、青ジソの葉を添える。

はまな味噌

材料 | 作りやすい分量 |

ナス	3本(300g)
塩	小さじ1/2
シソの実	適量
	あればしょうゆ漬け大さじ1
ショウガ(みじん切り)	ひとかけ
甘酒	大さじ4
味噌	大さじ1

1 ナスは1cm角に切り、5分水につけてから、水をよくきり塩をまぶしておく。

2 甘酒に味噌をあわせ、①、ショウガ、シソの実を加えて混ぜ、1日おいて味を馴染ませる。

しつらい
こばなし

石川

石川の伝統工芸は36種類にも及ぶといわれています。金沢箔《はく》、加賀友禅、九谷焼、輪島塗など、世界に誇る工芸の数々を受け継ぎ伝え続けている土地です。工芸文化がこれほど盛んな都市もそう多くはないでしょう。加賀藩由来の工芸職人たちの想いが、"工芸王国"である石川を築き上げ、伝統を引き継ぎ、今に生きる作り手たちが新しい感性でさまざまな工芸を楽しませてくれています。

三つのお料理にあわせ、作り手を選ぶのが悩ましい。しかしながら[椀]めった汁となれば挙げておきたいのが角漆《かどうるし》工房の漆器です。ここは、日本の漆が"ジャパン"と呼ばれ親しまれ、世界でも高い評価を受けていた漆職人・角《かど》偉《い》三郎《さぶろう》さんの工房。現在はご子息の角《かど》有《ゆ》伊《い》さんが先代の遺志を引き継ぎ、器を創作しています。漆の器は使い込むほどに漆が馴染み、木目が浮かび上がり、艶が増します。"器を育てる楽しみ"があり、その温もりは自分を映す鏡のようで、日々手にしたい器なのです。希少な[米]ふぐの子ぬか漬けのおにぎりは、加賀の品格さながら、美しく艶やかに盛り付けたい。そこで塗師・赤木明登《あきと》さんの古鉄塗正方皿と、金工作家・竹俣勇壱さんのステンレスたたき正角板皿を重ね使いにしてみました。そして、[肴]かぶら寿司に使った器は、鮮やかながらも優しく冷たさを感じさせないガラスの器の作り手、ガラス作家・辻和美さんの作品。

どの器も、石川を拠点に、これからの新しい工芸の在り方を伝え続けている方々から生まれたもの。石川の工芸は、作り手の理念を物語った工芸標本集「百《ひゃっ》工比照《こうひしょう》」が作られた時から受け継がれた、職人たちが培った新たな伝統なのだと思います。

椀 めった汁

米 ふぐの子ぬか漬けのおにぎり

肴 かぶら寿司

第四章

東海 近畿

Shizuoka Aichi Gifu Mie Shiga Kyoto Osaka Hyogo Nara Wakayama

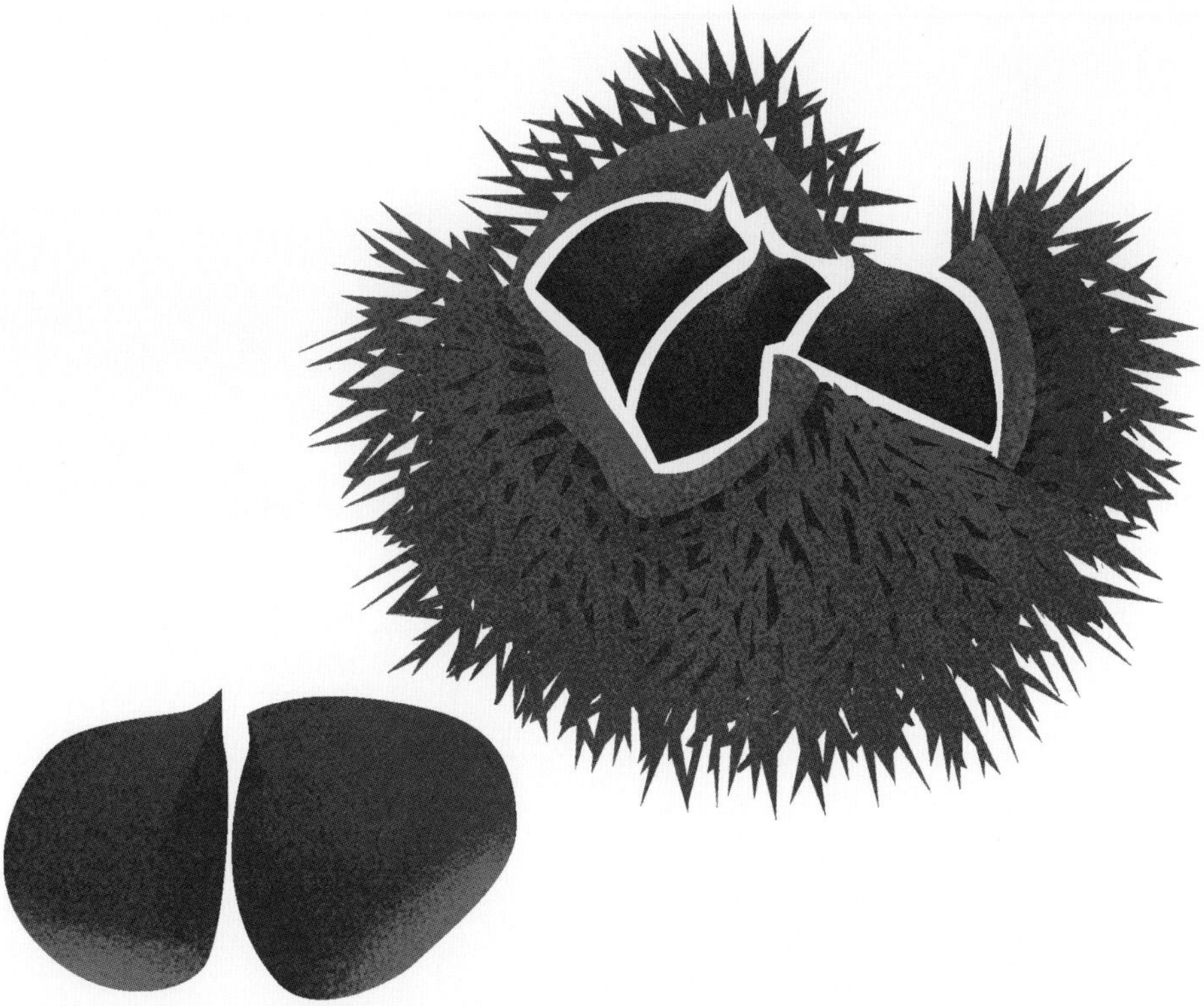

静岡

とろろ汁

漢方名「山薬」
疲れが癒える
体に優しい一杯

浮世絵の『東海道五十三次』や、滑稽本の『東海道中膝栗毛』にも登場するほど、とろろは大昔より庶民の味として親しまれてきました。特に静岡県産の自然薯《じねんじょ》は風味が豊かで、「山薬」といわれるほど滋養があることから、旅人が精をつけるために食べたといわれています。自然薯は、すりおろすと餅のように丸くまとまってしまうほど強い粘りが特徴です。それを温かい出汁でのばし味噌仕立ての汁物にして仕上げます。出汁はカツオ節やいりこなどお好みで。自然薯は日本原産の野生種で、長芋や大和芋と似ていますが、まったくの別物です。雑木林や藪《やぶ》の荒れ地に生え、地下深く根が伸び5年もすると食べ応えのある太さに成長します。

泣きめしのおにぎり

名産であるカツオ節とワサビをご飯にのせたり、混ぜたりして食べる泣きめし。泣くほど美味しく、ワサビがツーンと効きすぎて涙が出ることからこの名前がついたそうです。名水に恵まれていることや、独自の栽培方法を生み出したことが水ワサビ（根茎）の全国出荷量一位の理由と聞きました。カツオ節は、焼津が冷凍カツオの水揚げ量日本一であることから、地元で加工され、全国屈指の名産品になるのは自然な流れであったようです。ワサビの辛さの中にほんのりとおかかの旨味が広がり、食欲を刺激し、やみつきになる味です。カツオ節は、細かく削られたものを握りたてのおにぎりにまぶすと、よく纏ってくれます。

静岡

わさび漬け

葉、茎、根元
余すことなく
味わえる一品

肴

SHIZUOKA

ワサビは根茎の部分をすりおろした薬味のイメージが強いですが、地元では葉も茎も花もしょうゆ漬けや酢漬けにして食べます。特に酒粕とあわせたワサビ漬けは酒のアテやご飯のおともになり、お土産の代表格になっています。カマボコや魚介の刺身と和えたり、餃子やシュウマイの薬味にしたり、春巻きの具にほんの少し忍ばせてもおいしいです。ワサビは一年を通して収穫できますが、晩秋から冬には寒さにさらされ辛味が強くなり、花の咲く春先は茎や葉はやわらかく、根茎の辛味もマイルドになるそうです。収穫の時期で味わいが変わるのも面白いですね。味つけに砂糖を加え、辛味を引き立たせ、水飴で全体をつなぎまとめます。

とろろ汁

材料 | 2人分 |

自然薯	200g
出汁	適量
味噌	小さじ1～2
アオサ	適量

1 自然薯は皮ごとよく洗って、ひげ根をガスコンロであぶって焼き切る。

2 すり鉢の内側でゆっくりとすりおろす。

3 少量の出汁に味噌をあわせて溶き、②に加える。

4 残りの出汁を温め、③にすりこ木で混ぜながら少しずつ加えて好みの濃度にのばす。

5 味をみて、味噌（分量外）で調える。

6 器に盛り付け、アオサを軽くもんでのせる。

泣きめしのおにぎり

材料 | 約4～5個分 |

ワサビ（おろしたもの）	大さじ2
ワサビ	20g
しょうゆ	小さじ1
かつお節	6g
塩	適量
米	1合

1 米は普段どおりにとぎ、浸水させて炊く。

2 すりおろしたワサビにしょうゆを混ぜる。ワサビは皮をこそげ落としてみじん切りにする。

3 炊きたてのご飯にみじん切りのワサビを混ぜ合わせる。手をぬらして塩を馴染ませ、ワサビご飯をのせ、中におろしワサビじょうゆを忍ばせて、小ぶりの球形に握る。

4 おにぎり全体にカツオ節をまぶす。

わさび漬け

材料 | 作りやすい分量 |

ワサビの葉、茎、根元あわせて		100g
酒粕		100g
塩		5g
A	酒	大さじ1/2
A	砂糖	大さじ1
A	水飴	大さじ1くらい

1 ワサビは粗みじん切りにし、塩をまぶしてひと晩おく。

2 ①を水にさらしてアクを抜き、ざるにあげておく。酒粕は常温に置いてやわらかくしておく。

3 ボウルに**A**を入れて湯煎にかけ水飴が溶けたら、火からおろして②をあわせてよく練り混ぜる。酒粕がかたくてよく混ざらない場合はぬるま湯を少し足しながら調整する。

＊容器に入れて冷蔵庫で2～5日間寝かせると辛味と旨味が出てくる。

愛知

赤だし

米味噌と
ブレンドして
香りもコクも
ふくよかに

椀

愛知の赤出汁は豆味噌で作るお味噌汁。一般的な味噌は麹、大豆、塩で作られますが、豆味噌は大豆と塩のみで作られ、麹が入りません。発酵時間と熟成時間を長くとり、2年以上かけるため黒に近い赤茶色の味噌に仕上がります。豆味噌の中でも代表的な八丁味噌は甘みが控えめで、濃厚な味わいで、味噌に負けないくらい濃いめの出汁とあわせるのがポイント。豆味噌の味に慣れないと酸味や渋味を感じることもあるので、米味噌とブレンドして作ると、香りもコクもふくよかになります。具は好みですが、つるんとしたナメコと三つ葉は赤出汁にとてもよく合います。他にシジミや豆腐、お麩、ワカメ、ネギが定番のようです。

蛸めしおにぎり

三河湾に浮かぶ日間《ひま》賀《か》島はおいしいタコがとれることから、多幸島《たこ》とも呼ばれ、昔から数々のタコ料理が伝えられてきました。その代表格がタコめしです。タコの名産地やタコめしが郷土料理になっている地域は数あれど、生ダコを米と一緒に炊き込むのは珍しく、もとは漁師料理というのもうなずけます。タコから濃厚な旨味と塩けが出るため、調味料はシンプルかつ控えめに。蒸しダコや干しダコで代用してもおいしくできます。一緒に炊き込むことでタコの色が米に染みて、きれいな桜色になることから桜飯とも呼ばれています。撮影時はゆでダコを使いました。必ずタコの味見をし、塩分を確めてから、調味料を加減してください。

タコの旨味を活かし
調味料は
シンプルに控えめに

愛知

鉄火味噌

赤味噌の風味に
ゴマ油とゴボウで
アクセントを

肴

熱した鉄のように赤いおかず味噌。「鉄火味噌」という名前はそんな見た目の色具合からついたようです。愛知には味噌文化があり、代表的な味噌カツ、味噌煮込みうどん、味噌おでんなどをはじめ、味噌料理が多いことで知られています。その一つが大豆と薬味野菜、赤味噌をゴマ油で炒めた鉄火味噌です。香りの強いゴボウを入れることで味にアクセントがつき、さらに赤味噌の風味とゴマ油がよく合います。ご飯のおともとしてはもちろんのこと、酒の肴としても地元の方々に愛されている一品です。ひと口食べると独特のコクと香りが一気に口に広がります。豆は舌でつぶせるほどやわらかくゆでて作ると、味噌とよく馴染みます。

赤だし

材料　|2人分|

八丁味噌、米味噌	あわせて大さじ1〜2
カツオ昆布出汁	2カップ
ナメコ	15g
ミツバ	少々

1　出汁を温め、味噌を溶き入れる。

2　ナメコを加えてひと煮し、刻んだミツバをあわせる。

蛸めしおにぎり

材料　|約8〜10個分|

蒸しダコ、ゆでダコなど	200g
米	2合
ショウガ（千切り）	1かけ
塩	適量
薄口しょうゆ	小さじ1

1　米は普段どおりにとぎ、浸水させる。

2　タコは細かく切る。

3　①に塩2つまみ、薄口しょうゆをあわせてひと混ぜし、②とショウガをのせて普通に炊く。

4　十分に蒸らしたら、軽く混ぜる。手をぬらして塩を馴染ませ、おにぎりにする。

鉄火味噌

材料　|作りやすい分量|

	ゆで大豆	150g
	ゴボウ	100gくらい
	ニンジン	1/2本（60gくらい）
A	赤味噌	100g
A	砂糖	30g
A	酒、みりん、はちみつ	各大さじ1
	ゴマ油	大さじ1

1　ゴボウとニンジンは粗みじん切りにし、ゴボウは5分ほど水にさらす。

2　ゴマ油、水気をきったゴボウとニンジンを鍋に入れ、中火で炒める。

3　全体にしんなりとしたら、大豆と**A**を加えて、つやが出るまでよく練り上げる。

岐阜

つぎ汁

唐辛子を煮出し
じわじわと辛い
別名「辛汁」

椀

GIFU

日々の汁ものというよりは、冠婚葬祭など特別な集まりのときにお客さまがそれぞれお椀を持ち、給仕がそこに汁を注いで回ったことからこの名がついたといわれています。別名「辛汁」、地元の唐辛子、郡上《ぐじょう》南蛮を乾煎りし、昆布や干し椎茸とあわせて煮出した汁に、しょうゆや酒などで味つけします。具は地元のかための豆腐をさいの目に切って入れ、濃いめの出汁の香りとともに、静かにじわじわと辛さを感じるとてもシンプルな料理です。初めてこの汁を作ったのは、数十年前。友人にすすめられるも、聞いただけではわからなかった深い味わいがありました。出汁を丁寧にとること、唐辛子をじっくりと煮るのがポイントです。

金魚めしのおにぎり

南部に位置する各務《かかみが》原《はら》市はニンジン栽培が盛ん。「各務原ニンジン」と呼ばれるブランドニンジンの産地です。特徴は濃い橙《だいだい》色と強い甘味。色はまな板に染みるほど鮮やかで、ニンジンを大きめに切ってご飯と一緒に炊き込むと、赤い金魚のように見えることから金魚飯と呼ばれるように。収穫の際に、作業した人にとれたてのニンジンを具にした炊き込みご飯を振る舞ったことから始まり、お祭りなどの人が集まるときや給食などでも作られるようになったそうです。このレシピではニンジンを大きめに切ったので、おにぎりがまとまりにくいことも。その場合はラップで握り、包んだ状態で落ち着かせると形よく仕上がります。

肴

朴葉《ほおば》味噌

香ばしく焼けた
具だくさんな味噌に
ご飯が進みます

林業が盛んな飛騨高山に伝わる料理。ネギなどの薬味や椎茸、山菜を刻んで自家製の味噌を絡め、乾燥させた朴葉にのせて焼き、香ばしく焼けてきたら、混ぜながら食べます。国内外の観光客にも人気があり、広く知られている料理です。朴葉は葉に厚みがあり、油分が少なく、火にかけても焼けにくく丈夫。抗菌作用があることから、おにぎりを包んで持ち歩いたり、大きい葉はお皿として使うこともあるそう。寒さで漬物樽が凍り、漬物を解凍するために朴葉にのせて火にかけていたというのが、この料理の始まりといわれています。当時は囲炉裏を囲んで炭火で焼く様子を見ながらご飯にのせたり、お酒のアテにしたのでしょうね。

つぎ汁

材料 |2人分|

昆布	5cm四方 1枚
干し椎茸の戻し汁	大さじ1
赤唐辛子(乾燥)	5本
豆腐	適量
しょうゆ、酒	各小さじ2
塩	少々
水	2と1/2カップ

1 水2と1/2カップを鍋に入れ、昆布を入れてひと晩おく。

2 ①の鍋を中火にかけ、沸騰直前に昆布を引き上げ、赤唐辛子を入れて20分ほど弱火で煮出す。

3 赤唐辛子を引き上げて、しょうゆ、酒、塩、干し椎茸の戻し汁で味を調え、水きりした豆腐をさいの目に切って加え、ひと煮する。

金魚めしのおにぎり

材料 |約8〜10個分|

ニンジン	1本(130gくらい)
鶏もも肉	60g
油揚げ	1/2枚
米	2合
薄口しょうゆ、酒	各大さじ1
塩	小さじ1/3

1 ニンジンは細長い乱切り、鶏もも肉は1cm角くらいの大きさに切り、油揚げは一枚に開いて細切りにする。

2 米は普段どおりにといで浸水させ、薄口しょうゆ、酒、塩を加えてひと混ぜし、①をのせて炊く。

3 十分に蒸らしたら軽く混ぜて、手をぬらして塩(適量・分量外)を馴染ませ、握る。

朴葉味噌

材料 |2〜3人分|

赤味噌	60g
砂糖	30g
みりん、酒	各大さじ1
A 長ネギ	1/2本
A 椎茸	1枚
A エノキダケ	1/3袋(30gくらい)
朴葉(乾燥)	1枚

1 朴葉は水につけて水分を含ませる。**A**は細かく刻む。

2 味噌と砂糖、みりん、酒、**A**をあわせて混ぜ、朴葉にのせる。

3 ②を焼き網にのせ、弱めの中火にかけて、味噌を香ばしく焼く。

三重

伊勢海老汁

伊勢海老の旨味を
存分に味わえる
ぜいたくな一杯

椀

海水浴に出かけた先で伊勢海老汁が食卓に並んだ記憶があり、夏が旬と思い込んでいました。漁獲量一位（平成29年）の三重では初夏から産卵保護のため禁漁。10月1日（一部では9月16日）が解禁日で、冬の味覚の代表格だそうです。高級食材ではあるけれど、小ぶりだったり、形が不揃いだったりすると安価で手に入るので、家庭のお味噌汁の具になることも。伊勢海老は殻がかたいので、包丁よりもキッチンばさみでさばくほうが楽です。軍手などで手を傷つけないように、ゆっくり作業してください。殻から出汁が十分に出るので、水とあわせて煮出します。エビの塩分や旨味があるので、必ず味見をしてから味噌を溶き入れましょう。

天むす

名古屋名物として知られる天むすは、実は三重県津市にある「千寿」という食堂から始まったおむすびなのだそうです。元祖の天むすは塩を効かせたエビ天をおむすびの具としてご飯の中に忍ばせて握られていました。店主の奥さまがご主人の昼食用に握られたのが始まりと伝えられています。天ぷらは揚げたてでなくてもいいので、まかないにはもってこいのメニューだったのでしょう。それがいつしか常連客に広まり、お店の看板メニューになりました。その後のれん分けによりスタートした名古屋の天むすはエビ天を上にはみ出す形で小ぶりに握り、天ぷらは甘辛いしょうゆ味。いずれもエビ天の香ばしさが白いご飯や海苔に合います。

三重

牛しぐれ

ショウガが効いた
ご飯が進む
常備菜

肴

世界的にも有名な松阪牛を筆頭に、他にも伊賀牛や鈴鹿山麓和牛、みえ黒毛和牛など、三重県は上質な牛肉の産地。鮮やかな肉色、やわらかな肉質と霜降りの旨味のある脂が特徴的で、すき焼きやしゃぶしゃぶ用の肉として一般家庭にも広まりました。松阪牛は昭和10（1935）年に東京で開かれた初めての全国肉用畜産博覧会で名誉賞を獲得し、一気に全国にその名と味を知られるようになり、今に至ります。鎌倉時代の末期の書物には伊賀が牛の産地として記されており、伊賀忍者が肉を乾燥させて保存食として食べていたという伊賀牛のルーツを感じるエピソードも残っています。レシピもこれにちなんで日持ちのする常備菜にしました。

伊勢海老汁

材料 | 2人分 |

伊勢海老	1〜2尾
味噌	大さじ2〜3
青ネギ(小口切り)	適量

1 伊勢海老は縦半分に切るか、ぶつ切りにし、さっと熱湯をかけて汚れなどを流す。

2 水3カップに①を入れて火にかけ、沸騰してきたら弱めの中火で5分ほど煮て、味をみてから味噌を溶き入れる。

3 器に盛り付け、青ネギをあしらう。

天むす

材料 | 約4〜5個分 |

米	1合
むきエビ	8尾(80gくらい)
片栗粉、塩	各適量
天ぷら粉	大さじ2
揚げ油、海苔	各適量

1 米は普段どおりにとぎ、浸水させて炊く。

2 エビは背わたを除き、片栗粉をまぶして軽くもんでから流水で洗い、水気をよくふきとる。

3 ②に塩をまぶして水で溶いた衣にくぐらせ、1尾ずつ170度に熱した油でこんがりと揚げる。

4 ①が炊けたら、手をぬらして塩を馴染ませ、③を具にしておにぎりにする。

5 海苔を巻く。

牛しぐれ

材料 | 作りやすい分量 |

牛切り落とし肉	300g
ショウガ	ひとかけ
しょうゆ、砂糖	各大さじ2
酒	大さじ3

1 牛肉は大きければひと口大に切る。ショウガは千切りにする。

2 鍋に①と調味料を入れ、弱めの中火で汁気がなくなるまで炒りつける。

*保存は冷蔵庫で4〜5日。

滋賀

泥《どろ》亀《がめ》汁《じる》

ゴマの風味で
夏の暑さを
乗り越えます

椀

「どろがめじる」または「どんがめじる」と読み、ゴマが汁の中で泥のように見え、ナスが亀の甲羅のように見えることからこの名がつきました。夏場に食欲が落ちたときにもするすると喉を通り、ゴマの風味が食欲を刺激する、と近江商人がこぞって食べたというさっぱりとした味噌汁。ナスは生のまま煮ても、レシピのように一度油で焼きつけても、素揚げにしてもそれぞれにおいしく仕上がりますが、油を加えたほうがナスの紺色が鮮やかにでます。また、ナスを煮ることで出汁に油の旨味とコクが加わります。名前からはおいしさがイメージできないけれど、ネーミングのインパクトは大。一度聞いたら忘れられない名前の汁物です。

しじみご飯のおにぎり

シジミには種類があり、琵琶湖の固有種「セタシジミ」は淡水で育つため、クセがなく、コクと旨味を強く感じます。琵琶湖から流れ出る瀬田川で多くとれたことから名前がつきました。シジミといえば殻が黒いイメージですが、セタシジミはべっこう色で厚みがあるのが特徴。その漁獲量は昭和30年代をピークに減少を続け、現在は絶滅危機増大種となっています。冬から春にかけて漁があるときには、県内のスーパーに並ぶこともありますが、今となっては貴重な味になりました。シジミは真水で泥を吐かせ、殻をこすり合わせてよく洗ってから調理し、炊き上がったご飯に後混ぜすると、ふわっとやわらかく味わえます。

なめらかで
もっちりした
食感が特徴

丁子麩《ちょうじふ》の辛子和え

豊臣秀吉の甥、秀次が当地を治めていた時代、麩は栄養価が高く戦の兵糧に欠かせないものでした。当時あった丸い形の麩はかさばり持ち運びにくく、なんとか持ち運びやすい形に作るよう命が下り、でき上がったのが丁子麩。城下町の碁盤の目をかたどり、両面に小道をイメージした線模様をつけた四角い形は、今も変わらずに作られています。なめらかな舌触りともちもちの食感が独特で、後を引くおいしさ。名前の由来は中国漢方の丁子（丁字）によるという説もあり、健康によい漢方のような食材という意味が込められています。撮影時には丁字麩を取り寄せ作りましたら、他の麩では代用できない絹のようなやわらかさがありました。

泥亀汁

材料 ｜2人分｜

ナス	2本
白炒りゴマ	大さじ2
味噌	大さじ1〜2
ゴマ油	大さじ1
出汁	2カップ

1 ナスは縦半分に切って皮に斜め格子状の切り目を入れ、5分ほど水にさらす。

2 鍋に水気をふいたナスとゴマ油を入れ、中火にかけ、両面をじっくりと焼く。

3 出汁を注ぎ入れ、5分くらい弱めの中火で煮る。ナスがやわらかくなったら味噌を溶き入れ、白ゴマを加える。

しじみご飯のおにぎり

材料 ｜約8〜10個分｜

シジミ	約400g （むき身の場合は約100g）
米	2合
薄口しょうゆ	大さじ2
塩	小さじ1/3
酒	大さじ3

1 鍋に泥を吐かせてよく洗ったシジミを入れ、水1カップ（分量外）を加えてふたをし、中火にかけて蒸しゆでにする。

2 貝の口が開いたら火を止め、貝と汁を分け、貝は身を取り出す。

3 米をとぎ、②の汁と、水をあわせて普段どおりの水加減にして浸水させる。

4 調味料を入れて炊き、炊き上がったら②のシジミの身を加えて混ぜる。

5 手をぬらして、塩（分量外）を馴染ませ、④をおにぎりにする。

丁子麩の辛子和え

材料 ｜3〜4人分｜

丁子麩		約20g
キュウリ		1本
塩		ひとつまみ
A	白練りゴマ	大さじ1
A	和ガラシ	10〜20g
A	酢	大さじ3
A	砂糖	大さじ4〜5
A	白味噌	50g

1 麩はさっと水にくぐらせ、しっとりとさせてから一口大に切り、たっぷりの水に15分ほど浸す。

2 **A**をあわせておく。

3 キュウリは薄い輪切りにし、塩をふってしばらくおき、しんなりしたら水気をしぼる。

4 ①の麩の水気をしぼって、③とあわせ、②で和える。

5 冷蔵庫で1〜2時間寝かせると、麩にしっかりと味が染みる。

京都

白味噌のお味噌汁

京都を代表する
白味噌で
上品な甘味みを

白味噌は塩分濃度が低く、米麹の量が多いため、独特な甘味があります。京都では西京味噌も有名ですが、白味噌と製造方法に違いはなく、京都府味噌工業協同組合の定義に当てはまる味噌のみ西京味噌と呼べるそうです。白味噌は、大豆の薄皮をむいたり、麹を粉状に挽いたり、なめらかになるまでこしたりする作業があり、完成するまでにたいへんな手間がかかりますが、発酵期間が短いのが特徴的。京都では、お味噌汁はもちろん、お正月のお雑煮も白味噌仕立て。地元の人たちが愛してやまない味噌です。白味噌は出汁に溶き入れた後、少し煮込むと甘味がぐっと引き立ち、とろみを感じます。具は京野菜の代表格、九条ネギを使いました。

丹波の栗ご飯おにぎり

丹波の栗は、平安時代の書物にもその名が記されているほど歴史があります。粒が大きく実がしまっていて、風味が強いのが特徴。生産量は少なく全国に出回らないことで、たいへん貴重な栗として扱われています。中でもどっしり重く大きい栗は高級品とされています。その栗を目当てに全国から京都へいらっしゃる方も多いと聞きます。もち米を加えて炊くことで栗とご飯がよく馴染み、握りやすくなります。栗は皮むきが苦になりがちですが、熱湯でふやかすと、皮がやわらかくなってむきやすくなります。作り方に「渋皮を残してむく」としました。ほんのり渋皮色がご飯にうつってきれいなので、ぜひお試しください。

渋皮を少し残し
ご飯をほんのり
栗色に

ピリッと辛い
伝統のある
京野菜です

壬生菜《みぶな》の辛子和え

壬生菜は、１８００年代にみず菜の一変種の自然交雑によって誕生したといわれています。そのため見た目や味がみず菜に似ていますが、決定的な違いは葉先にあります。壬生菜の葉先は細長く、スプーンのような形をしており、味にはほんのり辛味があります。昔から冬の味覚である「千枚漬け」に壬生菜の漬物が添えられるほど京都では馴染みのある伝統野菜です。もとは大株の野菜でしたが、使い勝手がいいよう小株に改良され通年出荷されるようになってからは、さらに身近な野菜になりました。油揚げと一緒に煮たり、サラダにしたり、鍋物の具材にしたり、幅広く活用できます。家庭料理に欠かせない食材になっています。

白味噌のお味噌汁

材料 | 2人分 |

九条ネギ	1本
油揚げ	1/3枚
昆布出汁	2カップ
白味噌	大さじ2〜3

1 九条ネギと油揚げは食べやすく切る。

2 小鍋に昆布出汁と油揚げを入れて火にかけ、沸騰したら弱めの中火にし、九条ネギと白味噌を加えてひと煮する。

丹波の栗ご飯おにぎり

材料 | 約8〜10個分 |

栗	15個 (400g・正味250〜300g)
米	1.5合
もち米	0.5合
塩	小さじ1/2
薄口しょうゆ	小さじ2
酒	大さじ1

1 栗は皮ごとよく洗い、熱湯に15分ほどつけて皮をふやかす。

2 ①の皮をむき、渋皮はところどころ残してむき、筋は取って30分水につける。

3 米ともち米はあわせて普段どおりといで浸水させる。

4 ③に調味料をあわせてひと混ぜし、水気をきった②をのせて炊く。

5 炊けたら十分に蒸らして軽く混ぜ、手をぬらして塩(分量外)を馴染ませ、おにぎりにする。

壬生菜の辛子和え

材料 | 2人分 |

壬生菜	2〜3株(300gくらい)
しょうゆ	小さじ2
みりん	小さじ1/2
練りガラシ	小さじ1

1 壬生菜は塩(分量外)を加えた湯でさっとゆでる。冷水にとって色止めし、水気をしぼる。

2 ①を食べやすい長さに切り、しょうゆで和えて5分ほどおく。

3 汁気を軽くしぼって、練りガラシとみりんで和える。

大阪

なすびとたまねぎのお味噌汁

地元の野菜は
旨味を引き出す
昆布出汁で

椀

OSAKA

南《みなみ》河内《かわち》産のナスと、泉州タマネギを使ったお味噌汁。南河内では、ナスは「大阪なす」としてスーパーに並ぶほどの人気。そして大阪では「なすび」と言うんですよね。親しみが込められた呼び名です。泉州は近年水ナスの産地として有名ですが、タマネギ栽培の歴史も古く、発祥の地とも。通年、水分が多く甘くやわらかで新タマネギのようなおいしさがあります。出汁には昆布を。江戸時代、堺の港に北前船が寄港するようになり、北海道の昆布が運ばれたことから、今も昆布は大阪の食文化の中心的存在です。ナスは紫色の皮ごと食すもよし、皮をむいて薄緑の果肉を味わってもいい。切り方で見た目も味わいも食感も変わります。

味付け海苔の俵むすび

大阪では海苔は味付け海苔が一般的で、スーパーのコーナーのほとんどに味付け海苔が並んでいると聞いたのは最近のこと。おにぎりも当然味付け海苔で巻くのだそうです。近年形は三角が主流のようですが、江戸時代に大阪の町には芝居小屋がいくつもあり、観劇をしながらお弁当を食べるのがはやりました。その一口サイズの俵形はお弁当箱に収まりやすく、箸や手でつまみやすかったので、関西のおにぎりは俵形になったという説があります。具は昆布の佃煮や塩昆布、しょうゆ味で煮た鶏肉や根菜、きのこが入った炊き込みご飯も親しまれていたようです。レシピはシンプルに塩むすびにし、味付け海苔をくるりと巻きました。

塩昆布とキャベツの浅漬け

大阪

北前船に乗って大阪にやってきた昆布は、和歌山特産のしょうゆと出合って佃煮や塩昆布に加工され、関西ではご飯のおともに欠かせません。そのままご飯にのせて食べる他、野菜の和えものの味つけにいいアクセントになります。今回はキャベツとあわせましたが、キュウリやナスの浅漬けにあわせたり、オクラやインゲンをゆでたものと塩昆布を和えてオイルをかければサラダにも。しょうゆや塩の味はもちろん、昆布から出る旨味で野菜が一層おいしく、食べやすくなります。浅漬けの場合はまず塩を野菜にまぶして水気を出してから昆布をあわせるのがポイント。最初から加えてしまうと旨味までしぼることになるので注意しましょう。

なすびとたまねぎのお味噌汁

材料 |2人分|

大阪なす	1本(約90g)
泉州タマネギ	1/4個(約50g)
昆布出汁	2カップ
味噌	大さじ1〜2
青ネギ	適量

1 野菜はひと口大に切り、ナスは5分ほど水にさらす。

2 昆布出汁を温め、①を入れて煮る。

3 野菜に火が通ったら、味噌を溶き入れ、火を止める。お好みで青ネギを散らす。

味付け海苔の俵むすび

材料 |約4〜5個分|

炊きたてのご飯	1合
塩	適量
味付け海苔	適量

1 ご飯は軽く混ぜて粗熱をとる。

2 手をぬらして塩を馴染ませ、ひと口大くらいのご飯をとって、俵形に握る。

3 味付け海苔は巻きやすいようにカットし、②に巻く。

塩昆布とキャベツの浅漬け

材料 |作りやすい分量|

キャベツ		葉3、4枚(約200g)
ミョウガ		1個
塩		適量
A	塩昆布(市販の細切りのもの)	約8g
	青ジソの葉(細切り)	5枚
	ショウガ(千切り)	ひとかけ

1 キャベツはひと口大に手でちぎり、軸の部分は包丁で薄切りにする。ミョウガは縦半分に切ってから、斜め薄切りにする。

2 ボウルに①を入れ、キャベツの重量の2%の塩を加えて和え、軽く重しをしておく。

3 キャベツがしんなりとしたら、水気を軽くしぼり、**A**をあわせてさっと和え、15分ほどおいて馴染ませる。

粕汁

兵庫

椀

HYOGO

酒造業で知られる地域だけに、酒粕はとても身近で、酒粕は日常的に料理にも使います。中でも寒い日に欠かせないのは粕汁。味噌ベースの汁に酒粕を加え、具材はブリとたっぷりの根菜で具だくさんにし、さらに豚肉を入れる地域もあると聞きました。口の中に広がる酒粕のまろやかな甘味と独特な香りが全体の味を包み込んでくれ、まだ寒さの残る季節にいただくと体の芯から温まります。酒粕が使いきれないときは、小分けにして冷凍します。そうしておくと使い勝手がよく、香りもそのまま保存できて、汁物や鍋に手軽に使えるので便利です。酒粕は溶けにくいタイプもあり、汁に入れる前に出汁で溶いておくとスムーズです。

いかなごのくぎ煮おにぎり

新鮮な
小女子・新子を
甘辛く炊きます

くぎ煮はイカナゴの稚魚を甘辛く炊いた佃煮のようなもので、茶色に煮上がった様子が折れ曲がりサビついた古釘に似ていることからその名がついたといわれています。稚魚は東では小女子《こうなご》、西では新子《しんこ》と呼ばれ、主に瀬戸内海沿岸部での漁獲量が多く、昔から漁が始まる2月から3月にかけては新鮮な新子を目当てに大勢の人が訪れます。家々から新子を炊く甘辛い匂いが漂ってくると春を意識するのだそうですよ。本来地元では新鮮な新子を炊きますが、レシピは手に入りやすい干した小女子・新子を使ってくぎ煮を作り、ご飯に混ぜました。ショウガの風味が隠し味。イカナゴの臭みをとり、全体の味を引き締めてくれます。

ソース代わりや
お酒のアテに
万能な常備菜

肴

海苔の佃煮

兵庫

明石海峡を中心とした潮の流れが速い漁場で育まれた兵庫海苔。潮と寒冬の季節風に晒《さら》されて繊維が詰まるので、しっかりとした厚みとなり、食べ応えがあります。歯切れもよいため、おにぎりや巻きずしにおすすめ。色が黒く、つやがよいのも特徴で、生産量は全国トップクラスとなっています。そのまま食べてもいいですが、出汁でのばすようにして炊くと香りのいい佃煮ができ上がります。ご飯のおともにはもちろんのこと、蒸した白身魚や、焼いた豚肉にソース代わりにかけて食します。梅肉やおろしワサビを加えて混ぜれば、お酒のアテにもなります。炊く間の湯気もごちそうになるくらい芳醇な香りが広がります。

粕汁

材料　| 2人分 |

ブリ(切り身)	1切れ
豚肉	50g
大根	60g
人参、ゴボウ	各30g
コンニャク	30g
油揚げ	1/3枚
出汁	3カップ
酒粕	50〜60g
味噌	大さじ2〜3

1 ブリは骨を除いてひと口大に切り、塩(分量外)を軽くふって、しばらくおき、熱湯にくぐらせる。

2 豚肉と野菜、油揚げは食べやすく切る。

3 出汁を温め、②を入れて煮る。火が通ったら、ブリを入れてひと煮する。

4 出汁で溶いた酒粕と味噌を入れて、味を調え、軽く煮る。

いかなごのくぎ煮おにぎり

材料
| くぎ煮は作りやすい分量、おにぎりは約8〜10個分 |

小女子(または新子)の干したもの	100g
しょうゆ、みりん	各大さじ3
砂糖	大さじ1〜2
ショウガ	ひとかけ
ご飯	2合分

1 小女子は鍋に入れて乾煎りする。

2 鍋に調味料を入れて沸騰させてから、①を入れて、煮汁がなくなるまで絡めながら煮詰める。

3 煮上がりにショウガのすりおろしをしぼって加え、よく絡め、バットなどに広げて、手早く冷ます。

4 炊きたてのご飯に③を適量加えて軽く混ぜ、手をぬらして塩を馴染ませ、おにぎりにする。

海苔の佃煮

材料　| 作りやすい分量 |

海苔	10枚
出汁	1と1/2〜2カップ
薄口しょうゆ	大さじ1と1/2〜2

1 出汁を温め、海苔をちぎって加える。

2 海苔が出汁を吸ってしっとりとしてきたら、弱めの中火でとろみが出るまで混ぜながら煮詰める。

3 しょうゆをあわせて味を調える。好みでみりんや砂糖(分量外)を加えてもよい。

＊保存は冷蔵庫で3〜4日。

奈良

飛鳥鍋

古《いにしえ》に思いを馳せる
まろやかで
優しい味わい
椀

NARA

発祥は諸説あります。

飛鳥時代に唐からの使者により乳製品が伝えられ、孝徳天皇へ献上したところ、たいそうお気に召され、宮中で乳牛が飼育されるきっかけになりました。庶民には届かない味でしたが、当時から牛乳を使った料理があり、めぐりめぐって現代の飛鳥鍋の形に辿りつきそうです。鍋には鶏肉や季節の野菜の他に出汁も加えることで、まろやかな優しい味わいになります。体を温める牛乳が入ることで、寒さを乗り切るための健康食ともいわれています。作り方のコツは具材をあらかじめ出汁で煮ておき、やわらかく煮えてから牛乳をあわせます。牛乳を加えてからは、沸騰させないように静かに汁を温めます。

柿の葉寿司

冷蔵庫がない時代、山に囲まれた奈良では生魚が手に入りにくく、塩でしめたサバはハレの日のごちそうでした。サバは夏祭りなどでよく振る舞われ、その際殺菌、防腐効果がある柿の葉に包んだことから、郷土の味として定着したようです。奈良は柿の名産地でもありますから、この組み合わせは必然的だったのでしょう。現在は鮭や鯛などの刺身を塩や昆布、酢でしめたものも握られます。葉に包んでから箱に並べて軽く重しをすることで、形よく揃い、乾燥も防ぎます。広げたときに葉が香るのもごちそうです。紅葉した赤い柿の葉で包むと季節を感じる美しさがあります。撮影時は友人宅の柿の木から葉を頂戴して作りました。

冷蔵庫がない時代
ハレの日の
ごちそうでした

生姜の佃煮

肴
保存食や
お酒のアテとして
親しまれています

飛鳥時代の宮殿や史跡が数多く発掘された明日香村周辺は、昭和の初めくらいまでは大ショウガや中ショウガが多く栽培され、産地として有名な土地でした。その名残もあってか今でも地元ではショウガをじっくりと煮込んで佃煮にし、保存食やお酒のアテとしているご家庭が多いようです。ショウガはキリリと辛味を効かせたかったら、刻んでそのまま調味料とあわせて煮るだけ。辛味を和らげたいときは、何度かゆでこぼして辛味をとってから、甘辛く煮ます。新ショウガは皮もやわらかいので、皮ごとの調理をおすすめします。ひそかな楽しみは、お茶漬け。真夏は冷茶をかけてさらさらといただきます。

飛鳥鍋

材料 | 4人分 |

鶏もも肉	1枚(300gくらい)
ニンジン	1本
椎茸	4枚
白菜	3〜4枚
春菊	1/3束くらい
牛乳	1と1/2〜2カップ
昆布出汁	3カップ
白味噌	大さじ4くらい
薄口しょうゆ	少々

1 鶏肉はひと口大に切り、ニンジン、椎茸、白菜は食べやすく切る。

2 鍋に出汁と鶏肉を入れて火にかけ、沸騰したらアクをとり、ニンジン、椎茸、白菜を加えてふたをして煮る。

3 全体に火が通ったら、牛乳を入れ、沸騰させないよう静かに温め、味噌としょうゆで調味する。

4 煮上がり寸前に春菊をあわせる。

柿の葉寿司

材料 | 約25個分 |

しめサバ、サーモン、酢じめの鯛など		適量
米		3合
A	塩	小さじ1と1/2
	酢	大さじ5
	砂糖	大さじ3
柿の葉		25〜50枚

1 魚は包みやすいよう薄くそぎ切りにする。

2 **A**を混ぜておく。

3 米は普段どおりに炊き、炊きたてに**A**をあわせて混ぜ、手早くあおいで粗熱をとる。

4 ご飯が冷めきらないうちに、ひと握り(40g前後)と、①をあわせて軽く形作り、柿の葉で包む。葉は小さければずらして2枚重ね、魚も大きさにより、1枚でも2枚のせでもお好みで。

5 菓子箱や重箱などに隙間なく詰めて、上に重しをのせて30分ほどおく。

生姜の佃煮

材料 | 作りやすい分量 |

新生姜	250g
酒	100ml
砂糖	大さじ2
しょうゆ	50ml

1 新生姜は皮ごとよく洗い、傷んでいるところや、色が変わった皮の部分は取り除く。

2 皮ごとスライサーで薄く切り出す。

3 鍋に水と②を入れて強火にかけ、沸騰したらざるにとって広げ、水気をきる。

4 鍋に調味料をあわせ、煮立たせたところに水気を軽くしぼった③を入れて、汁気がなくなるまで炒りつける。

*保存は冷蔵庫で約1ヶ月。

和歌山

高野豆腐のお味噌汁

出汁を含んだ
高野豆腐の
味は格別

椀

高野豆腐は自然の寒気で凍らせ、乾燥させたカチカチのかたい豆腐の乾物。高野山の僧侶が精進料理に出したことから広まったという説があります。最近は機械乾燥させるものも多く、下処理もいろいろ。レシピでは昔ながらの戻し方を記しますが、メーカーの表示を確認くださいね。出汁をたっぷりと含んだ高野豆腐の味は格別。多めに戻して、出汁で煮ておくと、日々のお味噌汁の具に便利です。たまごとじにした汁もおすすめです。高野豆腐は熱めのお湯のほうがやわらかく戻しやすいので、温度が下がらないように、お湯をさしながら、温度を保ちます。やわらかくなってきたら、もんだりしぼったりしながら時間をかけて戻します。

梅の産地として有名なみなべ町では、2014年に梅干しのおにぎりを推奨する条例を制定しました。梅干しは塩気と酸味が味わえるだけでなく、防腐効果もあることからお弁当などに欠かせません。レシピのように梅干しの炊き込みご飯を作ると、梅の旨味がほんのり全体につき、防腐効果も増します。それを握ればひと目で梅干しのおにぎりとわかるところも気に入っています。炊き込む梅干しははやりの甘口や塩分控えめではなく、酸味がしっかりとある塩分15%前後の梅干しが合います。撮影ではシソ漬けの梅干しを使いましたので、赤シソ色がご飯に広がりました。種からも味が出るので、種ごと米とあわせて炊き上げます。

梅にぎり

塩気に酸味
防腐効果もある
お弁当の主役です

和歌山

ちりめん山椒

まろやかな辛味と
爽やかな香りが
ご飯に合います
肴

山椒は春先に新芽を出し、白い小さな花が咲き、初夏には緑色の小さな実をつけます。新芽は「木の芽」として同じ時期に旬を迎えるタケノコ料理には欠かせません。花も佃煮や吸い口に。種がかたくなる前に収穫する青々した実は、しびれるような強い辛味があることから、生食は難しく、しょうゆや塩で漬けたり、佃煮にして、辛味をまろやかにして爽やかな香りを楽しみます。チリメンジャコと一緒に甘辛く炊き上げるのはちりめん山椒。和歌山は山椒の生産量が日本一。シラス漁も盛んですから、名産同士の組み合わせから生まれた常備菜です。ちなみに夏まで実を木にならせておく完熟山椒は粉山椒や生薬に加工されます。

高野豆腐のお味噌汁

材料 | 2人分 |

高野豆腐	15gくらい
出汁	2カップ
味噌	大さじ1〜2
青ネギ	少々(斜め薄切り)

1 高野豆腐は熱めのぬるま湯に20分ほどつけ、手で軽くもんで湯を捨て、再びぬるま湯に15分つける。両手ではさんで水気をしぼり、ひと口大に切る。

2 出汁を温め、①を入れて10分ほど煮てから、味噌を溶き入れ、火を止める。

3 器に盛りつけ、青ネギをあしらう。

梅にぎり

材料 | 約4〜5個分 |

梅干し	1個(15gくらい)
米	1合
塩	適量

1 米は普段どおりにといで、水加減し浸水させる。

2 梅干しをのせて普段どおりに炊く。

3 炊き上がったら、梅干しをほぐすようにして混ぜ、種はのぞく。

4 手をぬらして塩を馴染ませ、好みの形に握る。

ちりめん山椒

材料 | 作りやすい分量 |

実山椒の佃煮、またはしょうゆ漬けなど	大さじ3くらい
チリメンジャコ	150g
しょうゆ、みりん、酒	各1/3カップ

1 チリメンジャコは熱湯にくぐらせて塩気を軽く抜き、水気をきっておく。

2 鍋に調味料をあわせて煮立たせ、①を加えて弱めの中火で炒りつける。途中で実山椒を加えて、汁気がなくなるまでしっかりと炒りつける。

3 バットなどに広げて、手早く熱をとる。

*保存は冷蔵庫で10日ほど。

しつらい・こばなし

京都

椀 白味噌のお味噌汁

米 丹波の栗ご飯おにぎり

肴 壬生菜の辛子和え

京都が、日本の美しいものを愛で育むことを教えてくれる土地であるということは、社寺仏閣だけでなく、今に残る工芸品からも感じることができます。派手ということではなく華美。奥ゆかしい日本の美を今も感じ取れる、日本人のアイデンティの都。

ご当地食堂の京都では[椀][米][肴]の敷物に京《きょう》唐紙《からかみ》を使用しました。唐紙は、平安時代に文字を書くための詠草料紙《えいそうりょうし》として用いられていたといわれる和紙に、木版手摺《もくはんてすり》で模様を施した装飾紙。現在では和建築などの壁紙や襖紙に使われることが多いです。唐紙に施された紋様や季花などからは四季を感じ、歳時記が読み取れることもあります。[椀]の漆器には、京蒔絵《きょうまきえ》の蓋付き椀を。気品ある蒔絵が美しく、蓋を取る所作もいただく前の楽しみです。白味噌の味噌汁に朱塗りの椀で女性的な柔らかな印象になりました。[米]で用意した陶器は、京都在住の陶芸家・村田森《しん》さんの縁鉄ひねり鎬の平皿です。五穀豊穣の季節、菊絵をあしらった器で米や栗の実りにありがたい気持ちになります。季節のものを揃えていただくこともご当地の食と器との楽しい関わりです。[肴]の辛子和えには京焼・清水焼の結晶釉《けっしょうゆう》という繊細な技法で作られた器を使用しました。制作の工程で温度差によって生まれる釉薬の表情は唯一無二。はんなりと美しい様です。

ご当地ごとにさまざまな民芸や伝統工芸があり、この本、一つ一つのページから、その土地のおもてなしを感じてもらえたら嬉しいです。

第五章

中国
四国

Okayama　Hiroshima　Tottori　Shimane　Yamaguchi　Tokushima　Kagawa　Ehime　Kochi

岡山

たかきび団子汁

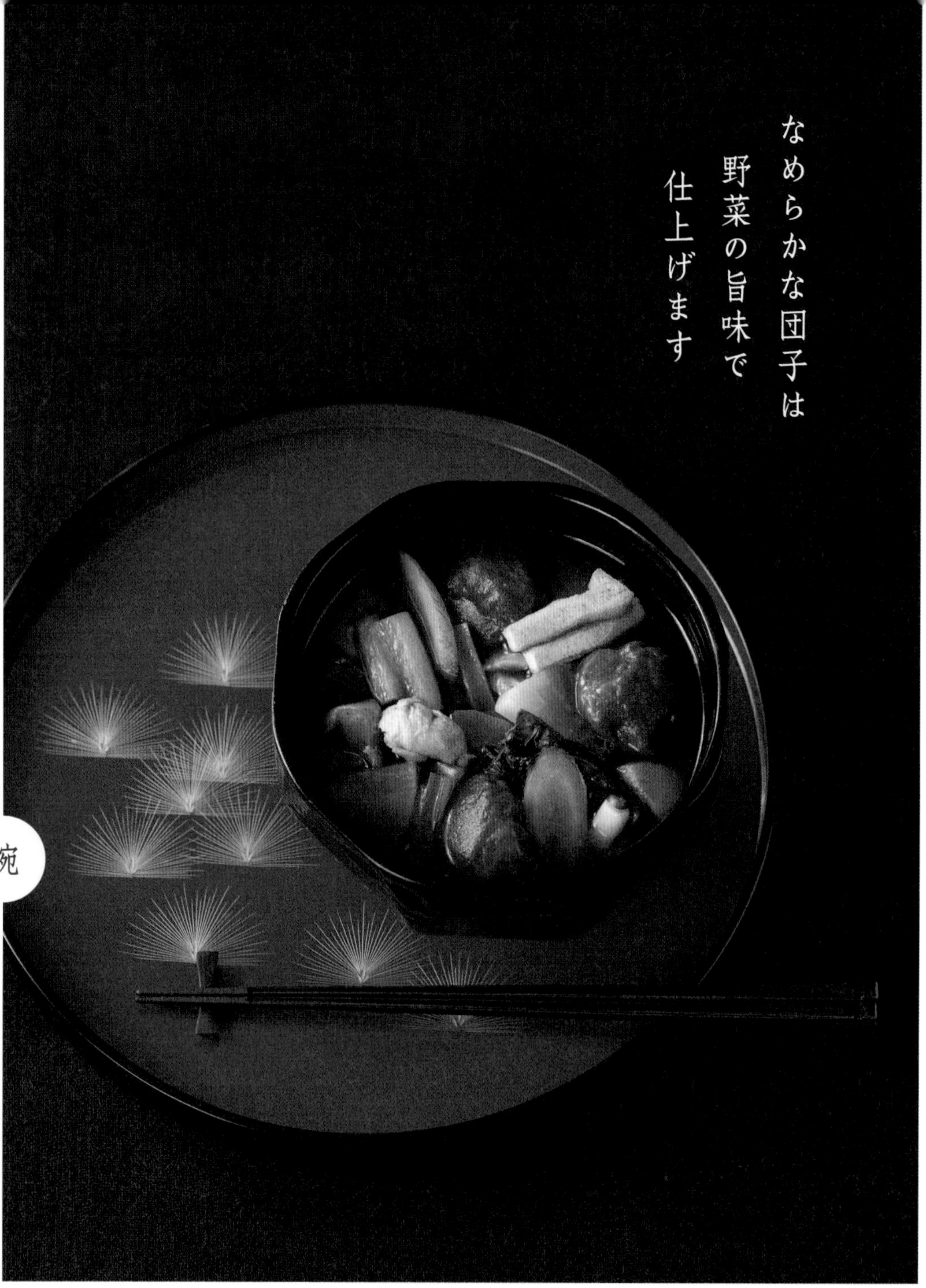
なめらかな団子は
野菜の旨味で
仕上げます
椀

タカキビは高さ約3mまで成長し、先端に赤褐色の小粒の実が詰まった穂をつける植物で、雑穀として食されています。昔は主食が雑穀であったことから、キビをすりつぶして粉状にし、こねて団子にして食べていました。団子はモチモチとした食感で十分な食べ応え。たっぷりの野菜と一緒に煮込んで、旨味を吸わせて仕上げます。穂は箒《ほうき》、茎は飼料や、壁材、燃料にもなり、さらに糖蜜もとれるそうですよ。岡山は連載時1月号でしたので、鮮やかな朱塗りの盃をあわせています。身近な食材を組み合わせた素朴な汁ものも、おめかしすると豪華な椀になりますね。タカキビはグルテンフリー、雑穀の一つとしても注目されています。

県

北中部鳥取県との県境に位置する蒜山地方のお祭りやお祝いの席で振る舞われる華やかなおこわ。栗、銀杏、キノコ、根菜類、山菜など、食感や味わいが異なる具材がこれだけ入っていても、一つにまとまるのはもち米ならではと思います。蒜山のある真庭市はもち米の生産が盛んなことも、蒜山おこわの誕生につながったのかもしれません。麦を入れて炊くのが珍しい。おなかに優しいおこわです。レシピは手軽に炊飯器で作れるようにしていますが、時間をかけ蒸しあげてもおいしく仕上がります。おこわは冷めてもおいしく、腹持ちがいいので、おにぎりにしても喜ばれます。しょうゆ味は炊き上がりの香りが抜群。食欲をそそります。

蒜《ひる》山《ぜん》おこわのおにぎり

冷めてもおいしい
ハレの日を彩る
華やかなおこわ

アミ大根

瀬戸内の秋冬のおかずとして食卓によくのぼる一品です。アキアミが出回り大根がやわらかくおいしくなる頃、この旬の食材を一緒に煮込んで仕上げます。アキアミは瀬戸内海沿岸部で水揚げされるサクラエビの仲間の小エビのこと。地元ではよく知られている食材ですが、傷みが早く鮮度の問題もあって、県外にはあまり出回らず、多くは県南の地域で食されています。というわけで撮影にはアキアミを用意できず、手軽な干しアミを使って作りました。さっと乾煎りすることで旨味がより濃厚になり、香ばしさが加わります。煮上がりはもちろんですが、一度冷ましてぐっと味を含ませてからのおいしさもぜひご堪能ください。

たかきび団子汁

材料 | 2人分 |

タカキビ粉	40g
鶏もも肉	80g
ゴボウ、ニンジン、大根、コンニャク	各50g
青菜	1株
油揚げ	1/2枚
昆布出汁	3カップ
しょうゆ、みりん	各大さじ1〜2
塩	適量

1 タカキビ粉は同量くらいのぬるま湯を少しずつ加えて練り、耳たぶ程度のかたさになったら、ひと口大に丸めて火が通りやすいよう円盤形につぶすか、真ん中にくぼみを作る。

2 コンニャクは下ゆでし、青菜はゆでて水気をきる。具材をすべて食べやすく切る。

3 出汁を温め、①と青菜以外の具材を入れて煮て、火が通ったら①を加え、団子に火が通り、浮き上がってきたら、調味料を入れて味を調え、青菜を加える。

蒜山おこわのおにぎり

材料 | 約8〜10個分 |

もち米		2合
A	鶏もも肉	80g
A	シメジ	1/2パック
A	ゴボウ、ニンジン、フキ(水煮)	各30g
A	干し椎茸	2枚
A	油揚げ	1/2枚
栗甘露煮		6個くらい
銀杏(水煮)		12粒くらい
麦		大さじ3くらい
昆布出汁		適量
薄口しょうゆ、みりん		各大さじ2

1 もち米と麦は洗って一緒に1時間浸水させておく。

2 干し椎茸は水(分量外)で戻し、戻し汁はとっておく。**A**は食べやすい大きさに切る。

3 炊飯器に水気をきった①を入れ、炊飯器の目盛どおりに昆布出汁を注ぎ入れ、調味料、干しシイタケの戻し汁大さじ1をあわせて軽く混ぜる。

4 ③に②と栗、銀杏をのせ、炊く。

5 炊き上がったら十分に蒸らして軽く混ぜ、手をぬらし塩(分量外)を馴染ませておにぎりにする。

アミ大根

材料 | 作りやすい分量 |

干しアミ	5g
大根	1/2本(600gくらい)
酒	大さじ2
しょうゆ	適量
砂糖	大さじ3

1 大根は厚めの半月に切り、面取りをする。アミは乾煎りする。

2 鍋に①、3カップの水(分量外)を入れ、中火にかける。

3 沸騰してアクが出たら取り除き、酒と砂糖をあわせ、落としぶたと、さらにふたをして弱めの中火で30分ほど煮る。

4 大根がやわらかく煮えたら、しょうゆ大さじ3を加え、ふたをとって、煮汁を煮詰めるようにして味を含ませる。味をみて足りない場合はしょうゆを足す。

広島

団子汁

たっぷりの野菜と
月に見立てた
まん丸団子

椀

根菜中心のたっぷりの野菜、厚揚げや鶏肉に団子を加えたお味噌汁。団子は県内産の白玉粉で作り、団子を月に見立てて月見汁としたり、お祭り時のお振る舞いに食べます。産後のお母さんや風邪をひいた子どもに精をつけさせたいという願いを込めて食べさせた汁物ともいわれています。地域によって団子の生地に山芋や雑穀を混ぜて作ったり、味つけも家庭によって違い、白味噌仕立てやしょうゆ仕立てがあるそうです。白玉は煮込みすぎたり、そのまま冷ますとかたくなるので注意。ゆでたてをその都度入れて食べるのがベストです。団子をまん丸に作るのは、丸は温もりや愛情や幸せをイメージするからではないかと想像します。

牡蠣めしおにぎり

生産量日本一、広島の牡蠣《かき》は殻が小ぶりながら殻いっぱいに肉厚で味の濃い身が入っています。出荷は10月から5月まで、ただし近年は夏に水揚げされる夏牡蠣も人気で、一年を通して牡蠣を堪能できるようになりました。今のように養殖が始まったのはなんと室町時代から。長い年月をかけて技術が受け継がれ、工夫されてきたのでしょう。牡蠣は火を通しすぎると身が縮んで小さくなることもあるので、出汁でさっと煮て取り出し、その汁でご飯を炊き、炊き上がりに牡蠣を戻します。米一粒一粒に牡蠣エキスが染み込んでいます。噛みしめる度においしさがやってくる。青ネギは彩りだけでなく、味の引き立て役。添えたい薬味です。

煮汁で炊いて
牡蠣のエキスを
閉じ込める

広島

小鰯の南蛮漬け

「七回洗えば鯛の味」
甘酢味でご飯が進む
ソウルフード

肴

HIROSHIMA

6月の半ばくらいに解禁となるカタクチイワシ漁。県内では小イワシと呼ばれ、足が早く傷みやすいので、主に県内で流通しています。それゆえ地元の皆さんは新鮮な味を求めることができ、しかも手頃な価格だから日々の食卓によく上るそうですよ。「七回洗えば鯛の味」と称されるほど高級な鯛にも勝るおいしさがあります。この言葉のとおり、氷水で何度も洗うと臭みは消え、すっきりとした青魚の味がします。それをさっと揚げて、タマネギと一緒に甘酢に漬けた南蛮漬けは県民のソウルフードです。小イワシが主役と思いきや、揚げた油と魚の旨味が染みわたった野菜がこれまたおいしい。「野菜多めに」がおすすめです。

団子汁

材料 ｜2人分｜

白玉粉	40g
鶏もも肉	60g
大根	50g
ゴボウ、ニンジン	各30g
厚揚げ、コンニャク	各1/3枚
出汁	3カップ
味噌（あれば白味噌）	大さじ2〜3
長ネギ（小口切り）	少々

1 白玉粉に大さじ2〜3（分量外）の水を加えてよく練り混ぜる。

2 コンニャクはゆでてからひと口大に切る。鶏もも肉、野菜、厚揚げは食べやすい大きさに切る。

3 鍋に②と出汁を入れて火にかけ、煮立ってきたらアクをとりながら弱めの中火で煮る。

4 別鍋に湯を沸かし、①を丸めて沸騰した熱湯に入れ、浮いてきたら引き上げて冷水にとる。

5 ③がやわらかく煮えたら、水気をきった④と長ネギを入れ、味噌を溶き入れ、ひと煮する。

牡蠣めしおにぎり

材料 ｜約8〜10個分｜

生牡蠣		300g（正味）
米		2合
A	出汁	2カップ
	しょうゆ	大さじ2
	酒、みりん	各大さじ1と1/2
青ネギ（小口切り）		少々

1 牡蠣はボウルにはった水の中で一つずつ振り洗いし、汚れをとって、ペーパータオルにのせて水気をきる。

2 鍋に①と**A**を入れて5分ほど煮て冷まし、牡蠣を取り出す。

3 米は普段どおりにとぎ、②の煮汁と合わせて浸水させ、炊く。炊き上がりに②の牡蠣を加えて十分に蒸らし、青ネギを軽く混ぜておにぎりにする。

小鰯の南蛮漬け

材料 ｜作りやすい分量｜

小イワシ		20尾くらい
タマネギ		1/2個
ニンジン		1/3本
ピーマン		1個
A	出汁	1カップ
	酢	大さじ4
	しょうゆ	大さじ1
	砂糖	小さじ2
	塩	小さじ1/2
赤唐辛子		適量
片栗粉、揚げ油		各適量

1 小イワシはうろこ、頭と内臓をとって、軽く洗って水気をふき、軽く塩（分量外）をふっておく。

2 タマネギは薄切り、ニンジンとピーマンは細切りにし、バットに広げておく。

3 **A**をあわせる。

4 ①の全体に片栗粉をまぶし、170度の油でからりと揚げ、油をきらず②のバットに重ならないように入れる。

5 ④に**A**を回しかけ、15分くらいしたら、天地を返すようにして混ぜる。

鳥取

がんちゃ汁

椀

濃厚なカニの風味が
ぎゅっと
詰まった一杯

鳥取の清流でとれる川ガニを使った汁。海で生まれ、川で育ち、また海に戻って産卵する川ガニは、ツガニ、モクズガニといろいろな名前で呼ばれ、上海ガニと近縁異種で、珍重されてきました。一昔前まではカニの甲羅をはずして、石臼で粉々に砕いて調理していましたが、最近はミキサーで手軽に作れるほか、カニを砕いた汁だけのパックも売られています。火が通るとふわふわと身が浮かんできて塊となり、濃厚なカニの旨味がぎゅっと詰まった一杯ができ上がります。淡泊なナスとの組み合わせが絶妙で、後味はさっぱり。甲羅ごと入ったカニ汁はよくありますが、カニは砕いて殻を取り除くことで、繊細な味わいを作り出します。

どんどろけめしのおにぎり

「どんどろけ」とは方言で雷のこと。材料の豆腐を油で炒める際にバリバリッと雷が鳴ったような音がすることからこの名がついたとか。別名豆腐めしとも呼ばれ、諸説ありますが、江戸時代に藩主が質素倹約のため豆腐食を推奨したことが誕生のきっかけといわれています。村々には豆腐小屋があり、自家栽培の大豆を使って豆腐を手作りしていたそうです。豆腐と旬の野菜を炊き込んだご飯は田植えの後や、農作業の区切りがついたときによく食し、おやつ的なご飯であったのではないかと思います。最近は各家庭でどんどろけめしを作る機会が減っており、給食や飲食店ではアレンジ料理が提供され、伝統料理を伝え続ける努力をしています。

鳥取

焼き鯖の煮つけ

焼きサバと
甘いタマネギが
相性抜群の一品

肴

TOTTORI

その昔、日本海で大量にとれる小ぶりなサバを丸ごと一本焼きにし、出荷したところ、時短で料理ができると評判を呼び、そのまま食べるほか、煮つけやアレンジ料理に重宝されたそうです。保存技術のない時代に考えられたものですが、今でも地元スーパーなどで手軽に手に入ります。特に春先の葉タマネギとの相性は抜群。一緒に煮つけるとおいしいと、旬の時季には焼きサバとともに葉タマネギが陳列されるそうですよ。甘くてやわらかなタマネギがサバの味を優しく包み、煮上げてからひと晩おくとぐっと味が染み込みます。試行錯誤した結果、生まれた郷土の味。特別な日の料理ではなく、普段の食卓を豊かにしてくれます。

がんちゃ汁

材料 | 2〜3人分 |

川ガニ(モクズガニ)	200g
ナス	小1本
水	2と1/2カップ
しょうゆ	大さじ1
酒	大さじ1
青ネギ(小口切り)	適量

1 カニは甲羅をはずし、身側のハカマ(ふんどし)と黒い部分を取り除く。

2 ミキサーに分量の水の一部(1/2カップくらい)とカニを入れ、砕く。

3 ②をざるでこし、殻を取り除く。

4 ナスは食べやすい大きさに切る。

5 ③のカニ汁とナス、残りの水を鍋に入れ火にかけ煮る。ナスに火が通ったら、しょうゆ、酒で味を調え、青ネギを入れて火を止める。

どんどろけめしのおにぎり

材料 | 約8〜10個分 |

	木綿豆腐	100g
	ゴボウ、ニンジン	各50g
	干し椎茸	2枚
	油揚げ	1/2枚
	糸コンニャク	100g
	米	2合
	油	小さじ2
	昆布出汁	適量
A	薄口しょうゆ	大さじ2と1/2
A	酒	大さじ1
A	砂糖	小さじ1

1 豆腐はさっとゆでて厚手のペーパータオルに包み、重しをのせて水気を抜く。

2 干し椎茸は水(分量外)で戻して、戻し汁はとっておく。ゴボウは薄切り、ニンジンは細切りにし、ゴボウは5分水にさらす。

3 油揚げは一枚に開いて細切りにする。糸コンニャクは長さ2cmに切る。

4 フライパンに油を熱し、手で崩した①と②、③を炒める。

5 米に干し椎茸の戻し汁1カップと昆布出汁をあわせて普段どおりの水加減にし、浸水させる。

6 ⑤に**A**を加え、ひと混ぜし、④をのせて炊く。

7 炊き上がったら十分に蒸らし、軽く混ぜる。手をぬらして塩(分量外)を馴染ませ、おにぎりにする。

焼き鯖の煮つけ

材料 | 2人分 |

サバ(切り身)	2切れ
タマネギ、あれば葉タマネギ	1/2個
ショウガ	ひとかけ
水	2カップ
塩	適量
酒、しょうゆ	各大さじ2
砂糖	大さじ1〜2

1 サバは軽く塩をふって10分ほどおき、ペーパータオルでしっかりと水気をとる。

2 さらに軽く塩をして魚焼きグリルでこんがりと焼く。

3 タマネギはくし型に切り、ショウガは薄切りにする。

4 鍋に分量の水と調味料と③を入れて煮立たせ、沸騰したら弱めの中火にし、②を入れてさっと煮る。

5 そのまま冷まして味を含め、食べるときに軽く温める。

島根

しじみ汁

宍道湖は日本一のシジミの産地

椀

島根県北東部にある宍道湖は全国の漁獲量の4割を占める日本一のシジミの産地。海水と淡水が混じり合う汽水湖であることがシジミにはたいへんよい環境で、粒が大きく、肉厚な貝が育つそうです。しじみ汁は出汁いらず。昆布など入れず、水から煮出すと旨味を引き出すことができます。すまし汁としてもよし、味噌を溶き入れても美味。殻に汚れがついているので、おいしく仕上げるためには時間をかけて殻をよく洗うことがポイントです。産卵を控えた夏シジミは旨味が詰まっており、「土用シジミ」と呼ばれるほど精がつくといわれています。殻がつややかで光沢があり、表面の筋が細かいものが上等とされています。

島根半島の北、40〜80kmの日本海に浮かぶ隠岐は、4つの大きな島と、他の約180の小島からなる群島です。隠岐は岩海苔の産地で、その海苔に包まれたおにぎりは爆弾みたいに大きく真っ黒で丸いことから、昔から「ばくだんおにぎり」として島民から愛されています。岩海苔は冷たい北風が吹き、日本海が荒れる1月から2月が収穫時期。岩に貼り付く海苔を摘み、すだれに貼り付け、2〜3日乾燥させて板状にします。それをあぶれば濃厚な磯の香りがプンと漂う。海苔に塗るしょうゆも味の決め手。普通の海苔よりも厚めなので、しょうゆを強めに塗り、ラップで包んでおくと、海苔とご飯が密着してよく馴染み食べやすくなります。

ばくだんおにぎり

しょうゆと
海苔の磯の香りが
ご飯に合います

ワサビのツンと
刺激的な味わいが
お酒にも合います
肴

SHIMANE

葉わさびのしょうゆ漬け

島根

県西部を流れる高津川は、支流を含めて貯水ダムのない、美しい河川。源流から日本海まで常にきれいな水が流れることから、高津川流域では昔からワサビが自生していたそうです。そのため地元ではワサビだけでなく花ワサビや葉ワサビも食してきました。ツンと刺激的な風味はご飯はもちろん、お酒にもよく合います。花ワサビや葉ワサビは春のはじめに出回り、それぞれの家のやり方で下処理し、甘酢に漬けたり、しょうゆ漬けにして保存します。塩もみしたり、湯通しするなど下処理の仕方はいろいろあります。レシピはワサビ農家の方に教わったやり方で、砂糖でもむと甘味ではなく、辛味がよく出るのでそう記しました。

しじみ汁

材料 | 2人分 |

シジミ	150g
味噌	大さじ1～2

1 シジミは砂出しをし、殻をこすり合わせるようにしてしっかりと洗い、殻の汚れをとる。

2 鍋に水2カップ(分量外)とシジミを入れて中火にかけ、沸騰したらアクをとり、弱火で5～6分煮る。

3 味噌を溶き入れ、火を止める。

ばくだんおにぎり

材料 | 約4～5個分 |

岩海苔	2枚
ご飯	1合分
塩、しょうゆ	各適量

1 海苔はさっと火であぶり、片面にしょうゆを塗る。

2 炊きたてのご飯は手をぬらして塩を馴染ませて球状に握り、しょうゆのついた面にのせて、包む。

＊おにぎりの具は梅や鮭、たらこなどを入れてもよい。

葉わさびのしょうゆ漬け

材料 | 作りやすい分量 |

葉ワサビ	200g
砂糖	大さじ1
しょうゆ	大さじ1
酢	小さじ1/2

1 葉ワサビは根元を切り落とし、きれいに洗う。

2 バットなどに入れ、砂糖をまぶして軽くもむ。

3 80度くらいの湯をかけ、3分ほどおいたら、引き上げて、水気をきり、4cm長さに切る。

4 軽くしぼって瓶に詰め、しょうゆと酢をあわせてひと晩おく。

山口

ふぐのお吸い物

椀

下関のフグは
偉人をも魅了した
おいしさです

フグには歴史的偉人が関わっています。

豊臣秀吉はフグの毒で多くの兵が亡くなったことを受けて禁食令を出しました。伊藤博文は訪れた下関の料亭の女将が処罰覚悟で振る舞ったフグの味に感銘を受け、その解禁に尽力したといわれています。毒がありながらも、そのおいしさに人々はひきつけられてきた歴史があり、「河豚は食いたし命は惜しし」ということわざがあるくらい命をかけてフグを食してきました。現在は、国内で唯一下関にフグ専門の市場があり、専門業者の多さ、充実した設備、処理・除毒技術の高さから信頼が厚く、流通・加工の拠点になっています。各地から厳選されたフグが下関に集まり、出荷されていくのだそうです。

うにの炊き込みご飯おにぎり

日本海に面する萩の沖は周辺の離島も含めて海藻が豊富なことで知られ、ウニの産地となっています。春から夏にかけてウニ漁が解禁され、主にムラサキウニ、アカウニ、バフンウニが水揚げされます。舌触りがなめらかで濃厚な甘味が特長。ウニといえば、丼ご飯の上に生ウニがどっさりとのっているイメージがありますが、産地ならではのぜいたくな食べ方は炊き込みご飯。火を通すことで一層旨味と香りが豊かになり、ウニは崩れることなく、形がしっかりと残った状態で炊き上がります。温かいうちにおにぎりにして食べるのがおすすめ。三つ葉のほか、木の芽やアサツキなどの薬味や、おろしたワサビを添えたおにぎりもオツな味です。

ウニも一緒に
炊き込んで
ぜいたくに召し上がれ

チキンチキンごぼう

甘辛いタレで
ご飯が進む
県民のソウルフード

カラリと揚がった鶏の唐揚げに、香りのよい揚げゴボウをあわせて甘辛いタレを絡めた県民のソウルフード。学校給食から生まれたレシピだからか、「チキンチキンごぼう」という可愛らしく親しみやすい名前がついており、家庭で作られるほか、居酒屋や定食屋さんでも人気のメニューになっています。ポイントは片栗粉をまぶして揚げるゴボウ。衣をまとったゴボウにタレがよく絡みます。ゴボウは香りよく揚げたいので、皮をむきすぎないこと。たわしでサッとこする程度にし、切ったら水にさらすと黒くならずに揚がります。具材は油に通してから甘辛いタレを絡めるので、照りよく仕上がり見た目にも食欲をそそるおかずです。

ふぐのお吸い物

材料 ｜2人分｜

フグ（身欠き）	60g
昆布出汁	300ml
薄口しょうゆ、塩	各適量
芽ネギ、三つ葉、黄柚子などの薬味	適宜

1 フグの身は水気をとり、食べやすい大きさに切る。

2 鍋に昆布出汁を温め、①を煮る。

3 火が通ったら、味をみて、しょうゆと塩で調味する。

4 器に盛りつけ、薬味を添える。

うにの炊き込みご飯おにぎり

材料 ｜約8〜10個分｜

生ウニ	80gくらい
米	2合
塩	小さじ1/2
酒	大さじ1
三つ葉	7、8本

1 米は普段どおりにとぎ、浸水させる。

2 炊飯器に米と塩、酒を入れてひと混ぜし、2合の目盛りまで水を注ぎ、ウニをのせて炊く。

3 炊き上がりに刻んだ三つ葉をあわせて混ぜる。手をぬらして塩（分量外）を馴染ませ、おにぎりにする。

チキンチキンごぼう

材料 ｜2〜3人分｜

鶏もも肉	2枚（500gくらい）
ゴボウ	1本（100gくらい）
塩、片栗粉、揚げ油	各適量
しょうゆ、みりん、酒	各大さじ2
砂糖	大さじ1と1/2

1 鶏肉は水気をよくふきとり、余分な脂をとって、ひと口大に切ってから、塩を軽くまぶす。

2 ゴボウは斜め薄切りにし、水にさらしてざるにあげ、水気をふく。

3 ①、②に片栗粉をまぶし、170度の油で揚げ、油をきっておく。

4 鍋またはフライパンにみりんと酒を入れて中火にかけ、アルコールを飛ばす。しょうゆと砂糖を加えとろみがついてきたら、③をあわせて絡める。

徳島

そば米汁

プチプチとした
そばの実の歯触りが
心地よい汁物

椀

TOKUSHIMA

日本三大秘境に選ばれるほどの自然に囲まれた祖谷《いや》地方が発祥の地。高い山に囲まれ、米作ができず、そば栽培をしていたことからそば米汁が生まれました。そば米はそばの実を塩ゆでして殻をむき、乾燥させたもの。それをゆでたり煮たりして食べます。プチプチとした歯触りが心地よく、ご飯の代わりにそば米を入れた雑炊も家庭の味です。以前旅したときには、お酒の後にぜひとすすめられました。出汁は四国の定番いりこ。旬の野菜と竹輪で味出しするのが定番のようです。「祖谷そば」も人気。いっさいつなぎを入れず地元のそば粉だけで作るため、麺が切れやすく、太くて短いことから「そばきり」とも呼ばれています。

茶ごめのおにぎり

ソラマメとザラメで
ほんのり甘い
炊き込みご飯

ご飯が茶色く炊き上がるから、阿波晩茶で炊くからなどの理由で茶ごめと呼ばれていますが、実はソラマメの炊き込みご飯のこと。農家では新しいソラマメが出回る前に、乾燥させた古いソラマメを処分するため、茶ごめを炊いて振る舞ったそう。ソラマメとザラメで作るほんのり甘い炊き込みご飯は、田植えの時期に食べる大切なエネルギー源であったようです。乾物のソラマメはゆでると皮がはじけて豆が割れてしまうので、煎ったり、湯の中でふやかすようにしてやわらかく戻してから皮をむいて使います。お茶を使わなくても豆のゆで汁が茶褐色なので、その汁で炊けば、色も食欲をそそる茶色の炊き込みご飯になります。

爽やかなスダチと
ゴマの香りが
上品な味つけ

ならえ

奈良から伝わった料理だから、7種の材料を使う（七和え）からなど、ならえの元になる説はいろいろとありますが、それらを方言で呼ぶうちに「ならえ」になったと伝えられています。野菜や油揚げ、コンニャクを使った精進料理で、法事やお盆のときには欠かせない一品。特産のスダチのしぼり汁と酢、たっぷりのゴマをあわせることで、スダチの香りとゴマの香りが相まった上品な味に。酢の効かせ具合は各家庭で異なり、最近では普段の常備菜としても作る機会が多々あるようです。酢の物に干し椎茸やコンニャクが目新しく、それぞれに下味をつけ、丁寧に作ります。たっぷりのゴマがいい仕事をしてくれます。

そば米汁

材料 |2人分|

そば米	60g
鶏もも肉	50g
竹輪	小1本
ニンジン、大根	各40g
椎茸	1枚
イリコ出汁	300ml
塩	小さじ1/4
薄口しょうゆ	適量

1 そば米は10分ほどゆでて水をきる。

2 具材は食べやすく切り、イリコ出汁とあわせて煮る。

3 ②に火が通ったら、①をあわせて軽く煮て、塩と薄口しょうゆで味を調える。

茶ごめのおにぎり

材料 |約8〜10個分|

米	2合
乾燥ソラマメ	1カップくらい
ザラメまたは砂糖	大さじ3
塩	適量

1 ソラマメはさっと洗って鍋に入れ、弱めの中火で10分ほど煎る。

2 鍋にたっぷりの水と①を入れて火にかけ、沸騰したら火を止め、蓋をして2時間おいて戻す。

3 皮を丁寧にむく。ゆで汁はとっておく。

4 米をといで、炊飯器にセットし、③のゆで汁を加えて、普段の水加減と同じ要領で30分ほど浸水させる。

5 ザラメと塩小さじ1/3強を加えてひと混ぜし、上にソラマメをのせて炊く。

6 炊き上がったら、軽く混ぜ、手をぬらして塩を馴染ませ、おにぎりにする。

ならえ

材料 |作りやすい分量|

大根	150g
ニンジン	70g
レンコン	70g
干し椎茸	小なら3枚
油揚げ	1枚
コンニャク	75g
薄口しょうゆ	適量
ゴマ酢	
スダチのしぼり汁	大さじ3
酢	大さじ2
塩	小さじ1/2〜1
砂糖	大さじ3〜4
白すりゴマ	大さじ4

1 干し椎茸は戻し、ほかの材料とともに食べやすく薄切りにする。

2 ゴマ酢の材料をあわせておく。

3 ①をさっと熱湯でゆでてざるにとって冷まし、大根、ニンジン、レンコン、油揚げはゴマ酢とあわせる。

4 椎茸はゴマ酢と薄口しょうゆ少々で和えて10分ほどおき、軽く水気を絞って③にあわせる。

5 コンニャクは乾煎りして、薄口しょうゆ少々で下味をつけてから③とあわせる。半日ほどおいて味を馴染ませる。

＊保存は冷蔵庫で3〜4日。

椀

香川

しっぽくうどん

うどんが見えないほど
野菜を煮込んだ
出汁をかけます

年末の年越しそばの代わりにしっぽくうどんを食べるくらい、香川県では昔からよく食べられているそうです。「讃岐うどん」のコシの強さとなめらかさを生かすため、煮込まず、汁をかけて食べるスタイル。いりこの出汁で季節の野菜などを煮込んで、うどんにかけていただきます。長崎の卓袱《しっぽく》料理に大皿に盛られたうどんがあったことから、香川のしっぽくうどんにつながったといわれています。うどんが見えないくらいに、たっぷりと具材を煮込み、味つけは薄口しょうゆや塩を使って淡い色の汁にするのがポイントです。優しい味つけに青ネギや七味唐辛子、おろしショウガなどの薬味がキリッと効いておいしさが増します。

いりこめしのおにぎり

出汁も身も食す
濃厚で旨味の強い
県民の味

いりこは瀬戸内でよくとれるカタクチイワシを塩水でゆでて干したもの。香川の出汁といえば濃厚で旨味の強いいりこ出汁というほど県民の味には欠かせません。そのいりこを具材としてご飯と一緒に炊き込み、出汁も身も食すのがいりこめしです。いりこの香ばしさを出すためにひと手間ですが、煎ってから炊き込むと一層香りよく仕上がります。あわせる野菜は季節のもので、特に決まりはありません。レシピではいりこは頭とはらわたを除いて準備するとしました。苦味を感じることがあるのですが、頭とはらわたからも旨味が出るので、捨てずに出汁をとり、その出汁を使ってご飯を炊いてもいいですよ。無駄なく大事に食します。

香川

マンバのけんちゃん

冬が旬の「マンバ」
炒めてから煮て
コクを凝縮します

肴

KAGAWA

料理名を聞いたときにまったく味の想像がつきませんでしたが、調べるうちに「マンバ」は地元の野菜で高菜の仲間の緑の濃い葉野菜であること、「けんちゃん」は人名ではなく、汁物のけんちんからその名がついたと知りました。地域によっては「マンバの炊いたん」などの呼び名もあるとか。マンバは家庭菜園でも栽培されるほど地元の方には馴染みのある野菜だそうです。アクが強いのでゆでて水にさらすことから調理がスタート。油で炒めることでコクを出し、豆腐や油揚げの旨味といりこの出汁で煮浸しに。寒くなるとマンバが柔らかく一層甘味を増しておいしくなるので、冬の代表的なお惣菜として親しまれています。

しっぽくうどん

材料 | 2人分 |

鶏もも肉	80g
大根	100g
ニンジン	40g
里芋	小2個
ゴボウ	30g
油揚げ	1/2枚
いりこ出汁	4カップ
ゆでうどん	2玉
塩	小さじ1/3
薄口しょうゆ	大さじ1
青ネギ、七味唐辛子などの薬味	適宜

1 具材はすべて食べやすく切る。

2 出汁と①をあわせて中火にかけ、沸騰してきたらアクをとり、弱めの中火で具材を煮る。

3 やわらかく煮えたら、味をみて調味料で調える。

4 温めたうどんを器に入れ、③を上からかける。

5 好みで薬味を添える。

いりこめしのおにぎり

材料 | 約8〜10個分 |

いりこ(頭とはらわたをとったもの)	正味20g
ニンジン、ゴボウ	各50g
ショウガ	ひとかけ
油揚げ	1枚
米	2合
しょうゆ	大さじ1と1/2
塩	小さじ1/3
みりん	大さじ1

1 ニンジンとショウガは2cmほどの長さの細切りにし、ゴボウは輪切りにし、5分水にさらす。

2 油揚げは1枚に開いて粗みじん切りにする。

3 いりこは乾煎りする。

4 米をとぎ、普段どおりの水加減で浸水させる。

5 調味料をあわせ、①、②、③を入れ、米と一緒に炊く。

6 手をぬらして塩(分量外)を馴染ませ、おにぎりにする。

マンバのけんちゃん

材料 | 2人分 |

マンバ	2束
豆腐	1/2丁
油揚げ	1/2枚
いりこ出汁	1カップ
しょうゆ	大さじ1と1/2
みりん	大さじ1
砂糖	小さじ1
油	大さじ1

1 マンバはさっとゆでて、1時間ほど水にさらし、ひと口大に切る。

2 豆腐は重しをして水きりし、小さく崩す。油揚げはひと口大に切る。

3 油を熱して、水気をしぼったマンバをさっと炒め、②、いりこ出汁、調味料を加えて煮汁が少なくなるまで煮る。

愛媛

さつま汁

ミカンの皮を薬味に
さっぱりと

椀

麦飯を船上でおいしく食べるために考えられた漁師料理。地元で獲れた鯛などの白身魚を焼き、すり鉢であたって麦味噌と出汁を混ぜあわせ、細切りコンニャクと、愛媛県名産のミカンの皮などを加え、ご飯にかけて食べます。アジやカマスなど庶民的な魚や、山間部ではフナなどの川魚でも作られるそう。薩摩（鹿児島県）から伝わったから、ご飯を十字に切った盛りつけが薩摩藩の島津家の家紋に似ているから、など名前の由来は諸説あります。宮崎県の冷や汁とよく比べられますが、どちらも魚の旨味を存分に味わう一椀。「坊ちゃん湯」で有名な道後温泉の宿で初めて食べ、あまりのおいしさにその場で作り方を教えていただきました。

鯛めしむすび

愛媛県の来島《くるしま》海峡は潮の流れが速いため、身がしまって弾力のあるおいしい鯛が育つ漁場です。「鯛めし」は作り方がいくつかあり、愛媛県内でも地域によって異なります。鯛を丸ごと使い、身や骨から出る旨味をたっぷりと含んだ炊き込みご飯がよく知られています。南予地方では、鯛の刺身をしょうゆやみりん、卵黄をあわせたタレに漬け込んでアツアツのご飯にのせる食べ方も近年人気のようです。鯛は縁起のよい魚とされることから、お祝いの席でも喜ばれる郷土料理。いずれにしても良質な鯛が手に入る土地ならではの味ですね。炊き込みは手軽な切り身でもおいしくできます。その場合は骨付きの切り身を使うとより味がでます。

愛媛

太《た》刀《ち》魚《うお》巻

甘辛いタレで
ご飯が進む
家庭の味

肴

EHIME

大きなもので体長2mほどにも成長する太刀魚。その名の通り、幅広い太い刀のような姿をしており、ギラギラとした銀色の肌合からは想像もつかない上品な味わいで、臭みがなく、脂ののりがよい魚です。創業150年以上の老舗の鮮魚店が考案したとされる太刀魚巻は、細い竹に三枚におろした太刀魚を螺旋状に巻きつけ、甘辛いタレを塗りながら炭火で焼き、竹をはずしてひと口大に切って食べます。今回のレシピでは、竹の代わりに下味がついたゴボウに太刀魚を巻きました。旬の季節には地元のスーパーなどの鮮魚売り場に太刀魚の三枚おろしが並ぶとのこと。家庭料理としてこの味が愛され、レシピが浸透していると実感しました。

さつま汁

材料 | 2人分 |

鯛の切り身	1切れ(約100g)
塩	適量
麦味噌	大さじ2〜3
コンニャク	100g
青ネギ、ミカンの皮など好みの薬味	適量
麦飯	適量
薄口しょうゆ	少々

1 鯛の切り身は水気をふきとり、塩をふって10分ほどおき、もう一度表面の水気をふいて網または魚焼きグリルで焼く。

2 ①が熱いうちに身をほぐし、骨は水2カップ(分量外)とともに鍋に入れて弱めの中火で15分ほど煮出す。

3 ほぐした身はすり鉢に入れ、麦味噌とあわせて、すりこ木棒でつぶしながらなめらかにする。

4 コンニャクは細切りにして鍋に入れ、乾煎りする。水分がなくなってきたら、薄口しょうゆを加えて冷ます。

5 ③に②の出汁をこして加えてよく混ぜ、④と好みの薬味をあわせて麦飯にかけて食べる。

鯛めしむすび

材料 | 約8〜10個分 |

鯛	小1尾(約250g)
ショウガ(千切り)	ひとかけ
塩	適量
米	2合
薄口しょうゆ	大さじ1
酒	大さじ1

1 鯛はうろこ、内臓、エラを取り除き、水気をよくふきとって、重さの1%の塩をふって、網または魚焼きグリルで焼く。

2 米は普段どおりにとぎ、浸水させておく。

3 ②に薄口しょうゆ、酒をあわせてひと混ぜし、①とショウガをのせて炊く。炊きあがったら十分に蒸らす。鯛を取り出し、骨をとり、身をほぐして戻し、ご飯と混ぜる。

4 手をぬらし塩を馴染ませ、おにぎりにする。

＊撮影時は、ほぐした鯛の身をのせました。

太刀魚巻

材料 | 3〜4人分 |

太刀魚(三枚おろし)		2尾分(約360g)
ゴボウ		200g
A	しょうゆ	大さじ1
A	酒	大さじ2
A	みりん、砂糖	各大さじ1
A	ショウガおろし汁	小さじ1程度

1 Aをあわせて太刀魚を漬け込み、ひと晩おく。

2 ゴボウは皮ごとよく洗い、20cmくらいの長さに切る(太い場合は縦半分に切る)。5分ほど水につける。

3 鍋にゴボウを入れ、かぶるくらいの水を加えて、火にかける。沸騰してきたら薄口しょうゆ小さじ2(分量外)を入れて、落とし蓋をし、煮汁がなくなりゴボウがやわらかくなるまで煮る。

4 ①の汁気をきって③のゴボウに螺旋状に巻きつける。巻き終わりを下にしてオーブンに並べ、200度で6〜7分焼き、粗熱をとってから食べやすく切る。

高知

四万十《しまんと》海苔のお味噌汁

椀

KOCHI

天然青海苔を
たっぷり入れて
風味豊かな一杯に

四万十川の清流の汽水域でとれる「天然青海苔」と、河口の淡水と海水が混じり合う汽水域、太陽光のよく当たる場所で養殖されている「あおさ海苔」、この二つが四万十海苔と呼ばれています。天然青海苔は特に希少な産物で、国内産の大部分が四万十川で収穫されます。あおさ海苔は網をはって養殖され、工程はすべて手作業。丁寧な仕事ぶりと風味豊かなおいしさで四万十ブランドのひとつとなっています。海苔は風味を残したいので、汁にあわせるのは直前に。汁に入れるとパッと広がる香りが力強い。うどんやラーメンなどの汁物に入れたり、炊きたてのご飯に混ぜてもいいです。熱を加えるととびきりおいしくなるのでお試しください。

こうしめしのおにぎり

県

南西部の海沿いの町、大月町周辺ではひと昔前までは大みそかに年越しそばを食べる習慣がなく、旧暦の大みそかに食べられていたのは地元の海産物や漬物を混ぜたご飯「越しめし」。それが変化して、いつしか「こうしめし」と呼ばれるようになりました。具材の岩海苔はこの地域では「めのり」と呼ばれ、冬の厳しい寒さの中で海に浸かりながら収穫します。地元の海の味を炊きたてのご飯に混ぜると、ふわりと磯の香りが広がり、甘めのたくあんと、こちらも地元でとれるチリメンジャコとよく合います。隠し味に砂糖じょうゆを馴染ませておくと、より具材の味が引き立ちます。小さく握ると、お酒のおともにもちょうどよいです。

地元の海の味と
甘めのたくあんが
よく合います

高知

椎茸のたたき

肉厚な椎茸に
甘酢のタレが染み
ご飯が進む一品

肴

KOCHI

四万十町に伝わる家庭の味で、カツオならぬ、椎茸をたたきのタレで食べる料理です。薬味野菜と一緒に盛りつけると見た目もたたき料理に似ていることから、この呼び名がついたといわれています。かつては希少な原木椎茸の生産高が日本一を誇っていたこともあり、地元の農家のお母さんたちが考えたレシピと聞きました。肉厚な椎茸を焼いたり揚げたりして火を通し、タマネギなどの香りのよい薬味野菜をたっぷりとのせ、甘くてほんのり酸っぱいしょうゆベースのタレをたっぷりとかけていただきます。椎茸にタレがよく染みて、お酒にもご飯にも合う一皿です。主役の椎茸と同量、もしくは倍の量くらいモリッと薬味をのせましょう。

四万十海苔のお味噌汁

材料 | 2人分 |

四万十海苔(乾燥)	適量
出汁	2カップ
味噌	大さじ1〜2

1 出汁を温め、味噌を溶き入れ、火を止める。

2 海苔を軽くもみながら加え、器に盛りつける。

こうしめしのおにぎり

材料 | 約8〜10個分 |

岩海苔		10g
たくあん		80g
チリメンジャコ		30g
A	しょうゆ	小さじ2
A	砂糖	小さじ1
米		2合
塩		適量

1 米は普段どおりにとぎ、浸水させて炊く。

2 たくあんは粗みじん切りにし、布巾やペーパータオルに包んでしっかりと水気をしぼっておく。チリメンジャコに**A**を加えて10分ほどおき、馴染ませておく。

3 炊き上がったご飯に岩海苔をもんで加え、②をあわせて軽く混ぜる。

4 手をぬらして塩を馴染ませ、③をおにぎりにする。

椎茸のたたき

材料 | 2人分 |

生椎茸		5枚
片栗粉		適量
タマネギ		1/2個
ニンジン		60g
青ネギ		5、6本
ショウガ		ひとかけ
黄柚子の皮(千切り)		適量
A	しょうゆ	大さじ1と1/2
A	砂糖	小さじ2
A	酢	大さじ1
A	出汁	大さじ2
A	あればカボスや橙の果汁	適量

1 **A**を混ぜ合わせておく。

2 タマネギは薄切りにし、水に10分ほどさらし、水気をきる。ニンジンとショウガは千切りに、青ネギは4cmの長さに切ってあわせておく。

3 椎茸は石づきをとり、軸ごと1〜2cm幅に切り、片栗粉をまぶす。

4 油大さじ3(分量外)を熱し、③を揚げ焼きにする。

5 器に椎茸を盛りつけ、熱いうちに②の野菜をのせる。

6 黄柚子の皮をのせ、**A**をかけて食べる。

しつらい
こばなし

愛媛

椀 さつま汁

米 鯛めしむすび

肴 太刀魚巻

清らかな水と豊かな自然に恵まれた愛媛。昔から綿業や織物が盛んという基盤に加え、その恩恵を受けて今や高品質なタオル生産地として国内のみならず世界的にも有名となっています。そんな雑学もこの本ならではの楽しい小噺。ならばとせっかくなので、タオルを[椀]と[肴]の敷物に使ってみました。

愛媛の食を支える伝統工芸品といえば、やはり代表的なのは砥部焼《とべやき》。現在もさまざまな窯元で、昔ながらの砥部焼の特徴である、やや厚手の白磁ベースに呉須《ごす》の絵付けが施された器を作り続けています。その中でも[椀]に使った“くらわんか”と呼ばれる梅山窯の器。その名の由来は江戸時代に遡り、当時、関西を流れる淀川で食事を提供した船“くらわんか船”からといわれています。船上で「くらわんか?(食べませんか)」と客寄せする際に使っていた飯碗の高台(碗の支えの下部分)が広く、また安定した重さがあり、理に叶った器の形として茶人に伝わり、愛媛の民芸に影響を与えました。諸説ありますが、これがご当地に伝わった器の形と名前の由来とのことです。[米]で使用した爽やかな器は砥部焼ひろき窯の鎬皿。砥部焼の伝統を引き継ぎながら独自の感性で表現し、その文化を守る器作りをしている職人たち。また伝統とは違ったかたちで郷土の温かみを器に表現し発信する作家もいます。[肴]の器の作り手、石田誠さんです。砥部焼と趣は違えど、愛媛や四国の土を器に使い、その特性を活かす器作りをしています。さまざまな故郷への想いが陶芸文化を支えているのだと気づかされます。

第六章

九州
沖縄

Fukuoka Saga Nagasaki Kumamoto Oita Miyazaki Kagoshima Okinawa

福岡

にぐい

冷めても
おいしく
二度楽しめる

精進料理が始まりでしたが、時代とともに野菜だけで作られていたレシピに鶏肉が加わり、客をもてなすごちそうとして振る舞われるようになりました。奇数の材料を使い、具材を小さめに切り揃え、ほんのり甘めに仕上げます。煮上がりは汁物として食べ、一度冷まして十分に味が染み渡ったものを煮物として食べることから、二度食う「にぐい」という名がつきました。根菜類を中心にたっぷりの具材が入り、慣れ親しんだ味がなんとも心地よい。お祭りや冠婚葬祭には欠かせない一品で、学校等の食育教材としても取り上げられています。筑豊地方では「だぶ」とも呼び、くず粉や片栗粉でとろみをつけて食します。

高菜明太おにぎり

中国の四川省から伝わった青菜に、在来種を掛けあわせ、肉厚な葉が特徴の高菜が生まれました。葉や茎にピリッとした辛味があり、生で食べるよりも漬物に適していることから高菜漬けが福岡の名産となりました。明太子は朝鮮半島で食べられていたスケソウダラの卵巣の唐辛子漬けを日本人が持ち帰り、博多で商品として売り出したことがきっかけで、今では全国に知られる存在になっています。その二つの名産をご飯に混ぜておにぎりにしました。高菜の葉の大きさと歯切れのよさを生かして、大きな葉っぱでおにぎりを包みます。明太子は炊きたてのアツアツご飯に生のまま混ぜても、焼いてほぐして和えてもおいしいです。

ごま鯖

肴

鮮度抜群の
マサバで作る
県民の味

玄界灘や対馬沖、長崎から鮮魚が集まる福岡市内の長浜鮮魚市場は全国トップクラスといわれるほど、高級魚から大衆魚まで数多くの魚が揃います。傷みやすいとされるサバも、ここでは鮮度抜群の状態で手に入ることから、県民が愛する味が生まれました。生きのよいマサバの刺身を甘めのしょうゆダレに漬けて、白ゴマをたっぷりと絡めることからこの名がついたといわれています。まずはお酒のアテとして、そして炊きたてのご飯にのせて丼にし、最後はお茶漬けに。サバの脂が溶け出した汁でさらさらといただくのがオツです。ちなみに「ゴマサバ」というサバの種類があり、料理名とかぶって間違われることもあるようですよ。

にぐい

材料 | 2人分 |

鶏もも肉	80g
サトイモ、コンニャク	各80g
レンコン、ニンジン	各60g
干し椎茸	1枚
油揚げ	1/2枚
A 塩	小さじ1/2
A しょうゆ	小さじ1
A 砂糖	ふたつまみ

1 干し椎茸は水(分量外)で戻し、戻し汁もとっておく。コンニャクは下ゆでしてアクを抜く。

2 すべての具材を1.5cmくらいに切る。

3 鍋に水3カップ(分量外)と椎茸の戻し汁1/2カップ、②を入れて中火にかけ、沸騰してアクが出てきたら取り除き、ふたをして弱めの中火で15分ほど煮る。

4 野菜がやわらかく煮えたら、**A**を加えて味を調える。

高菜明太おにぎり

材料 | 約8〜10個分 |

米	2合
高菜漬け	70gくらい
明太子	50gくらい
白炒りゴマ	大さじ1
塩	適量

1 米は普段どおりにとぎ、浸水させて炊く。

2 高菜漬けは塩気が強い場合はさっと洗うか、水につけてある程度塩分を抜き、葉元の部分を細かく刻む。

3 炊き上がったご飯に、刻んだ②、明太子、白ゴマをあわせて混ぜ、手をぬらして塩を馴染ませて、おにぎりにする。好みで高菜の葉で包む。

ごま鯖

材料 | 2人分 |

マサバ(刺身)	100g
酒、みりん	各大さじ1
青ネギ	適量
A 白すりゴマ	大さじ2
A しょうゆ	大さじ1と1/2
A おろしショウガ汁	少々

1 刺身は水気をペーパータオルでしっかりふく。

2 酒とみりんはあわせて火にかけてアルコールを飛ばす。

3 ①、②と**A**をあわせて20分ほどおき、味を馴染ませる。

4 器に盛りつけ、小口切りにした青ネギを散らす。

佐賀

ゆきのつゆ

椀

SAGA

粗くおろした
大根が
雪のような一杯

竹製のおろし器「鬼おろし」で粗くおろした大根をたっぷりと入れた汁物は、焼き物の町で生まれました。佐賀を代表する有田焼の窯元では窯だきの間、ずっと窯に寄り添い番をします。寒い冬でも腹持ちがよく、体が温まることから夜食として作られていたそうです。大みそかに有田町にある陶《すえ》山《やま》神社で開催される「有田碗灯」は有田焼の器約1000個に灯りを灯し、初詣の客を迎えます。毎年ゆきのつゆが振る舞われることで、代々この味が伝わり、守られています。鬼おろしがない場合は、大根の半量は普通のおろし金ですりおろし、残りは包丁でザクザクとたたいて粗いみじん切りくらいにして混ぜるといいでしょう。

須古寿司

見た目にも美しいこの箱寿司。有明海に面した白石町にある須古地区で祭りや祝事の際に作られ地元の皆さんから愛され続けている一品です。この土地は水産業はもちろん、米や麦、野菜を作るのに適していて農業も盛ん。おいしいお米で地元の味を作ろうと考えられ、諸説ありますが、田んぼをイメージしたお寿司だといわれています。もち米を入れた酢飯が特徴で、有明海の珍味ムツゴロウや、地元の海や山の幸をのせて素朴な味わいに仕上げます。ですが、近年はムツゴロウの漁獲量が減り、代わりにエビや鰻の蒲焼きなど手に入りやすい具材がのるように。ヘラで四角く切ったお寿司を小皿に取り分け、いただきます。

海や山の幸をのせ
田んぼに見立てた
四角いお寿司

かけ和え

好きな魚と野菜を
酢味噌で和える
家庭の味

魚介と野菜の酢味噌和えを佐賀ではかけ和えと呼び、日々のおかずとして親しまれています。各家庭にそれぞれの味があり、魚介と野菜の組み合わせは限りなくあり、一般的にはイワシやアジ、サバなどの青魚を酢で締めたものを使うことが多いようです。佐賀県の北西部に位置する、イカ漁で有名な唐津市呼子《よぶこ》町ではもちろんイカが主役。旅で伺った際、宿でイカとキュウリの酢味噌和えが出ました。今思えばあのひと皿はかけ和えだったのでしょう。噛むと甘みが広がるイカに甘酸っぱい酢味噌が絡まり、しゃきっとしたキュウリがアクセントになって、小鉢では足りない、もっと食べたかった記憶が味とともに舌に残っています。

ゆきのつゆ

材料 | 2人分 |

イリコ出汁、昆布出汁	各300ml
大根	10cmくらい
餅	2個
油揚げ	1/3枚
麦味噌	大さじ2くらい
塩、薄口しょうゆ	各少々

1 大根は皮ごと、あれば鬼おろしで粗くすりおろし、ざるにあげる。

2 餅はこんがりと焼いておく。

3 油揚げは1枚に開いて5mm四方に切る。

4 鍋に出汁と油揚げをあわせて火にかけ、沸騰したら弱火にし、餅を入れてひと煮し、味噌を溶き入れる。

5 ①をそっと加え、静かに温め、味をみて塩と薄口しょうゆで調える。

須古寿司

材料 | 4〜5人分 |

うるち米		1合半
もち米		半合
A	塩	小さじ1/3
A	砂糖	大さじ1と1/2
A	酢	大さじ3〜4
ムツゴロウの蒲焼き、または甘露煮など		1尾分
B	タケノコ(水煮)	40g
B	干し椎茸	小3枚
B	ゴボウ	40g
B	ニンジン	30g
三つ葉		少々
ゆでエビ、奈良漬、錦糸たまご、紅ショウガ		各適量
砂糖、しょうゆ		各大さじ1

1 タケノコ、奈良漬、ゴボウ、ニンジンは小さい薄切りにし、ゴボウは5分水にさらす。ニンジンはゆでる。干し椎茸は水1カップ(分量外)で戻し薄切り、三つ葉は葉をざく切りにする。

2 干し椎茸の戻し汁150mlに**B**、砂糖としょうゆを加え、落としぶたをして弱めの中火で10分煮る。

3 米ともち米はあわせて普段どおりにとぎ、やや少なく水加減して、1時間浸水させてから炊く。

4 **A**はあわせて混ぜておく。

5 ③が炊き上がったら、④をあわせて酢飯を作る。

6 冷めないうちに浅い木箱に酢飯を敷き詰め、平たくならし、ヘラで四角く切り目を入れる。

7 ②で煮つけた野菜、切ったムツゴロウの蒲焼き、エビ、奈良漬、紅ショウガを飾り、錦糸たまごと三つ葉をのせる。

※レシピはご家庭で作りやすいようにアレンジしています。

かけ和え

材料 | 2人分 |

イカ(胴)		100g
大根、ニンジン		各100g
塩		ふたつまみ
A	白味噌	60g
A	砂糖	大さじ3
A	酢	大さじ1
A	白すりゴマ	大さじ1

1 イカ、大根、ニンジンは短冊に切り揃え、イカはさっと湯通し、大根とニンジンは塩をまぶして15分ほどおいて、しんなりとしたら軽く水気をしぼる。

2 **A**をあわせて酢味噌を作る。

3 食べる直前に①を②で和え、白すりゴマ(分量外)をふる。

長崎

サツマイモの
とろみが
あったまる一杯

ヒカド

椀

1 600年代前半、長崎にいた宣教師や貿易に関わっていたポルトガル人が寒い季節になると肉の入ったシチューを食べていたことから、地元の人々にもその味が伝わり、「ヒカド」と呼ばれる汁物として作られるようになりました。ヒカドという名前は、ポルトガル語で「細かく刻む」という意味の"Picado"が由来です。特徴はサツマイモでつけるとろみです。当初は細かくしたパンでとろみを出していましたが、禁教令でパンが入手できなくなり、サツマイモをすりおろして加えて、とろみをつけました。このとろみがなんとも優しくて癖になる味です。魚も肉も入り、野菜もたっぷり。豊かな食文化が脈々と受け継がれています。

大村寿司

500年前の戦国時代から受け継がれてきた味。当時の領主大村純伊が領地を奪回した際に振る舞われた押し寿司といわれています。もろぶた（木製の長方形の箱）に炊きたてのご飯を詰め、野菜や魚をのせて押して形を作り、兵士の脇差で四角く切って取り分けて食べたものが、今もなお作り続けられています。江戸時代には外国から砂糖が入ってきて砂糖文化だった長崎。ご飯にも具材を煮るにも砂糖をたっぷりと使ったのは、貴重な砂糖で大切な来客をもてなす気持ちを表しました。今は家庭で作る機会はグッと減り、大村寿司の専門店があるほど県民に愛されています。具材は他にカマボコやでんぶ、昆布なども入ります。

砂糖文化の長崎
もてなしの気持ちで
甘めの寿司に

卓袱料理の代表格
じっくり煮詰め
ほろほろに

肴
NAGASAKI

東坡肉《トンポーロー》

卓《しっ》袱《ぽく》料理の代表的なメニューの一つである豚の角煮。中国の食通で知られる著名な詩人「蘇《そ》東坡《とうば》」が好んで豚の煮込み料理を食べたことから東坡肉と呼ばれるようになり、日本にも伝わりました。卓袱料理は長崎県が発祥の地。鎖国時代も日本で唯一外国とつながりがあった出島から、中国料理や西欧料理が広く知られるようになり、結婚式などの祝いの場にふさわしい円卓を囲む宴会料理が生まれました。刺身などの冷たい前菜、天ぷらや東坡肉などの温かい料理、野菜の煮しめなどの大鉢とたくさんの料理が並びます。東坡肉の作り方はいろいろありますが、レシピでは酢を加え、じっくり下ゆでし、ほろほろに仕上げました。

ヒカド

材料 | 2人分 |

ブリ(切り身)	80g
鶏もも肉	80g
大根	100g
干し椎茸	1枚
ニンジン	30g
サツマイモ	150g
昆布出汁	3カップ
塩、しょうゆ	各適量

1 干し椎茸は水で戻し、戻し汁はとっておく。

2 ブリと鶏肉、大根、ニンジン、サツマイモ(50g)は皮つきのまま、2cm角に切り、サツマイモは水に5分さらす。①も同様に切る。

3 残りのサツマイモ(100g)はすりおろす。

4 出汁と干し椎茸の戻し汁50ml、②をあわせて中火にかけ、アクを取り除きながら、野菜がやわらかくなるまで煮る。

5 調味料で味を調え、③を加えてとろみが付くまで混ぜながら火を通す。

大村寿司

材料 | 7～8人分 |

タケノコ(水煮)		80g
ゴボウ		100g
カンピョウ		10g
干し椎茸		4枚
ふき(水煮)		80g
ニンジン		50g
米		3合
錦糸たまご		適量
A	出汁	大さじ4
	薄口しょうゆ、砂糖	各小さじ1
油		少々
しょうゆ、砂糖		各大さじ1
B	酢、砂糖	各大さじ5
	塩	小さじ1

1 タケノコ、フキは薄切りにして鍋に入れ、**A**をあわせて煮る。

2 ゴボウはささがきにしてフライパンに入れ、油で炒め薄口しょうゆ少々(分量外)で味をつける。

3 干し椎茸は水でもどし、薄切りにして鍋に入れ、戻し汁を加えてしょうゆと砂糖で煮る。

4 ニンジンは細切りにし、ゆでる。

5 ご飯を炊き、**B**を加えて切るように混ぜる。

6 型に酢飯を半分くらい詰めたら、下ごしらえした①～④の具材を散らし、また酢飯を上に詰め、具材をのせる。

7 錦糸たまごをのせ、押しぶたをし重しをして30分ほど押す。四角く切り分け、木の芽、甘酢ショウガ(分量外)を添える。

東坡肉

材料 | 4～5人分 |

豚バラまたは肩ロースかたまり肉		1kg
ニンニク、ショウガ		各2かけ
A	酒	1カップ
	酢	大さじ2
	砂糖	大さじ3
しょうゆ		大さじ4
好みで和ガラシ、青菜		適宜

1 厚手の鍋に肉の脂の部分を下にして並べ、中火にかけ、焼き色をつける。ショウガは皮ごとスライスし、ニンニクは潰す。

2 鍋底にたまった余分な脂をペーパータオルで吸い取る。

3 ニンニク、ショウガ、**A**をあわせ、肉がかぶるくらい水(分量外)を加え、ふたをして1時間ほど弱めの中火で煮て、鍋ごと一晩冷ます。

4 白く固まった脂をとりのぞき、肉を3cmの厚さに切る。

5 肉を鍋に戻し、火にかけ、沸騰したらふたをとって、しょうゆを加えて中火で10～15分煮汁を煮詰め味を含める。

6 器に盛りつけ、好みで和ガラシや、ゆでた青菜を添える。

熊本

だご汁

里芋を混ぜて
ふんわりやわらかな
「だご」に

季節の野菜と、薄力粉で作った団子が入った汁物。地元では団子のことを「だご」と呼ぶことからこの名がついたといわれています。県内でも阿蘇地方は根菜や椎茸などの山の幸が入った味噌味、有明海沿岸の地域では貝類が具に入ったすまし汁、というように地域によってだご汁の味つけや具材は変わります。団子はゆでた里芋をつぶして薄力粉と混ぜて、ふんわりやわらかに仕上げました。里芋のむっちり、モチッとした口当たりが団子に加わり、ボリューム満点の椀物になります。里芋の他にジャガイモや長芋、大和芋をあわせても美味しくできます。出汁は煮干しや焼きアゴで作り、甘みのある麦味噌をあわせるのが定番です。

高菜めしのおにぎり

カラシ菜の一種で辛味のある高菜は阿蘇で多く栽培され、保存のために漬物にし、それが名物になって、阿蘇高菜としてお土産などでも人気の品となりました。塩で漬けたシンプルな高菜漬けが手に入れば、レシピにあるように塩抜きをし、ゴマ油で炒め、しょうゆで味をつけたものをご飯に混ぜます。ゴマや唐辛子などが混ぜ込まれたそのまま食べられる味つきの高菜漬けの場合は、汁気を軽くしぼるだけ。高菜漬けによって作り方は変わります。ご飯と炒めれば高菜チャーハンに。炊きたてのご飯に高菜と炒り卵を混ぜれば高菜飯となります。油を使うと握りにくい場合もあり、そんなときにはラップを使ってまとめてみてください。

炒り卵が
色鮮やかな
名物おにぎり

辛子蓮根

カラシの量を調節し
お好みの辛さで
仕上げます

病弱だった熊本藩主細川忠利に、体によいとされるレンコンに食欲増進のカラシ、麦味噌を詰めたものを、藩の賄《まかな》い方が献上したことから、辛子蓮根は熊本の味になりました。レンコンの断面が細川家の家紋である九《く》曜紋《ようもん》に似ているという話や、当時レンコンはお城のお堀で栽培されていたという説もあり、歴史的な背景を知るのも面白いです。手作りするとカラシの量が調節でき、マヨネーズをつけると子どものご飯のおかずにもおすすめです。カラシと味噌をパン粉でつなぐことによって、穴にしっかりと詰めることができます。揚げる際の衣にはターメリックをほんの少し入れると、目にも鮮やかな黄色に仕上がります。

だご汁

材料 | 2人分 |

里芋	150g
薄力粉	20g
塩	ふたつまみ
ニンジン、ゴボウ、ダイコン	各50g
干し椎茸（戻したもの）	1枚
煮干し出汁	500ml
麦味噌	大さじ2〜3

1 里芋は皮をむいて一口大に切り、ゆでてつぶし、薄力粉、塩を混ぜ、水大さじ1〜1と1/2くらい（分量外）を様子をみながら加えてやわらかな生地を作る。

2 具材の野菜と椎茸は食べやすく切り、出汁で煮て、①をだんご状に丸めて加え、ひと煮する。

3 味噌を溶き入れる。

高菜めしのおにぎり

材料 | 約8〜10個分 |

高菜漬け	100g
しょうゆ、みりん	各小さじ1くらい
ゴマ油	小さじ1
たまご	2個
砂糖	小さじ1
白炒りゴマ	小さじ2
米	2合
塩	適量

1 高菜漬けは水に10〜15分さらして塩抜きする。

2 ①を細かく刻んで水気をしっかりしぼり、ゴマ油で炒め、しょうゆ、みりんで味を調える。

3 卵は砂糖を加えて溶きほぐす。

4 小鍋に卵液を入れ、弱めの中火にかけて菜箸でかき混ぜながら火を通し、細かい炒りたまごを作る。

5 米は普段通りにとぎ浸水させ、水加減して炊く。

6 炊きたての⑤に②、④、白ゴマをあわせて混ぜ、手をぬらし、塩を馴染ませておにぎりにする。

辛子蓮根

材料 | 1節分 |

	レンコン	1節（200gくらい）
A	練りカラシ	小さじ2
A	麦味噌	80g
A	パン粉	20g
A	お好みで砂糖	小さじ2
B	薄力粉	40g
B	卵黄	Sサイズ1個分
B	塩	少々
B	水	大さじ3
B	ターメリック	少々
	揚げ油	適量

1 レンコンは皮付きのまま酢少々（分量外）を加えた湯で、串が通るくらいまで10分ほどゆでて水気をきり、穴の水気が抜けやすいよう立てておく。

2 **A**を混ぜておく。

3 レンコンの穴に押し当てるようにしながら②を詰め、ひと晩おく。

4 **B**を混ぜて衣を作る。③は一晩おくと多少水気が出るので、また穴に**A**を詰め直し、衣にくぐらせ、180度の油で揚げる。

5 粗熱がとれてから切り分ける。

大分

団子汁

椀

強力粉や白玉粉で
好みの食感に
仕上げます

小麦粉をこねて帯状にのばしたものを味噌汁に入れれば団子汁、ゆでてきなこと砂糖をまぶせば、「やせうま」という郷土のおやつになります。「3時のおやつにやせうまを食べ、その夜には鍋仕立ての団子汁となって食卓に並び、毎食小麦粉の団子を食べる日もある」という地元の家族の話を聞きました。まずこねた団子と出汁をあわせて煮込み、しっかり出汁を含ませてから、他の具を加えて加熱します。具は旬の野菜と鶏肉が入り、出汁はいりこや焼きアゴ、味つけは麦味噌を使います。粉は強力粉を使うとモチモチッとした口当たりに。ふわりとやわらかくしたいときは白玉粉を混ぜてもいいです。丸くない団子というのが珍しいですね。

鶏めしのおにぎり

もち米を加え
冷めても美味しい
定番ご飯

鶏

肉の消費量が全国トップレベルの大分県。唐揚げや天ぷらが県の鶏料理として全国的に有名ですが、甘辛い味つけの鶏肉が入った混ぜご飯は昔からハレの日や田植えの後、来客時に作られる特別なご飯でした。大分市吉野地区の猟師が、キジやハトなどの鳥肉を使って作った飯料理が発祥とされているそうです。好みですが、ニンニクを効かせるとコクが加わり、味がしっかりついておかずいらずのご飯に。地元大分の米「ヒノヒカリ」や「にこまる」などに、ほんの少しもち米を加えて炊くと、具材がしっとりと米に絡み、冷めてもおいしくいただけます。鶏肉を炒めるときは油はなしで、鶏の皮から出る脂で炒めるのがコツです。

きらすまめし

大分

「めし」とつくので、ご飯に何か混ぜた料理と思っていたら、シンプルに言うと刺身のおから和え。「きらす」は「おから」を、「まめし」は「まぶす」を意味する方言であることから、この名で呼ばれています。もとは魚の切れ端などを使った簡単に、しかも経済的にできる倹約の料理。大分のなかでも臼杵《うすき》市で親しまれており、地魚であるブリ、カンパチ、ヒラマサ、アジなどを使い、マグロが入ることもあるようです。おからの量を多めにすれば、魚にほろほろと纏い、少なめにすればしっとりなめらかに馴染む。薬味は欠かせない味のポイント。最後に特産のカボスをしぼれば、香りのよく、さっぱりとした味わいになります。

団子汁

材料 | 2人分 |

A	強力粉	30g
	薄力粉	20g
	塩	少々
鶏もも肉		80g
大根		100g
ニンジン、ゴボウ		各50g
干し椎茸		1枚
出汁		3カップ
味噌		大さじ2〜3

1 Aをボウルに入れ、湯30mlをあわせ、箸で混ぜ、手が入るくらいになったら手早くこねてラップをかけ、30分ほどおく。

2 干し椎茸は戻し、ほかの野菜とともに食べやすい大きさに切る。鶏肉も同じように切る。

3 出汁を温め、①を食べやすい長さの帯状にのばして入れ、5分ほど煮る。

4 ②の野菜と鶏肉を入れて、10分ほど煮て、全体に火が通ったらみそを溶き入れる。

鶏めしのおにぎり

材料 | 約8〜10個分 |

鶏もも肉	200g
ゴボウ（ささがき）	1本（150g）
ニンニク（みじん切り）	ひとかけ
砂糖	大さじ2
しょうゆ、酒	各大さじ3
米	2合
もち米	大さじ2

1 米ともち米は普段どおりにといで、通常の水加減に大さじ1の水を足して30分ほど浸水させる。

2 鶏肉は2cm角くらいに切り、皮を下にしてフライパンに並べ、中火にかける。

3 皮が香ばしくなってきたら、さっと炒めて、ゴボウとニンニクを入れて炒めあわせる。

4 全体に脂が回ったらまず砂糖を加えて炒め、次にしょうゆ、酒を加えて汁気がなくなるまで炒める。

5 ①を炊いて十分に蒸らしたら、④を混ぜ、おにぎりにする。

きらすまめし

材料 | 2人分 |

マグロ、アジなどの刺身	あわせて150g
おから	80g
青ネギ（小口切り）	3本
長ネギ（粗みじん切り）	5cm
ショウガ（みじん切り）	ひとかけ
薄口しょうゆ	大さじ1〜1と1/2
カボス	1/2個

1 刺身を細かく切り、薄口しょうゆとあわせて冷蔵庫に1時間おく。

2 ボウルに薬味と①を入れて混ぜてから、おからを加えて和え、カボスをしぼる。

宮崎

冷《ひ》や汁《じる》

椀

甘鯛や鯛の身と
味噌が香ばしい
麦ご飯に合う一杯

冷や飯に味噌と水を混ぜた料理がいつしか土地土地に伝わって具材が入り、宮崎全体に広がりました。手早くでき、夏の暑いときにも口当たりよく、スルスルと喉を通ることから早朝から働く農家の方が好んで食べていたといわれています。海沿いでは旬の甘鯛や鯛の身が入るちょっと贅沢で上品な味わいもあるそう。薬味をたっぷり使って香りよく仕上げると夏バテのときなどでも食が進みます。薬味は他にミョウガやショウガでも。すり鉢がない場合は、アルミホイルに魚と味噌を混ぜたものを薄くのばして、オーブントースターでこんがりと焼き色がつくまで焼いてください。魚と味噌の香ばしい味が麦ご飯によく合います。

肉に味つけしておき、ご飯を包み、フライパンで焼く方法や、オーブンで焼くなど作り方はいろいろ。家庭で作るなら肉の味つけは後からのほうが焦げにくく、おにぎりは少し小さめに握り、肉を巻くとちょうどよい大きさになる、など考慮してレシピにしました。元は居酒屋や食堂のまかない食だったものが常連客にも振る舞われるようになり、人気に火がついたそうですよ。今やB級グルメやファストフードとして県内外に知られています。ひと口よりさらに小さく作って葉野菜に包んで食べるのもオツ。お酒のおともによさそうです。肉は豚肉の他、牛肉の薄切りや鶏のささみをたたいて薄くのばして、ご飯を包んで作ってもおいしいです。

肉巻きおにぎり

お酒のおともにも
県内外に知られる
B級グルメ

チキン南蛮

ある洋食屋さんがまかないで作った鶏の唐揚げをアジの南蛮漬けのように甘酢に絡めたのが始まりといわれています。今ではあっさりしたムネ肉派か、ボリュームのあるモモ肉派か。タルタルソースありか、なしかと、宮崎県民を二分する派閥争いにまで発展しているそうです。レシピは胸肉を使っていますが、お好みでもも肉やささみに替えてもおいしく作れます。スーパーではタルタルソースや南蛮ダレの市販品が多く売られていることからも、県民の身近な味であることがわかります。おうちで作って揚げたての肉を甘酢にくぐらせて一口、タルタルをつけて一口と、それぞれのおいしさを味わうのも一興かもしれません。

冷や汁

材料 | 2人分 |

アジの干物	1枚
麦味噌	大さじ1〜2
キュウリ	1/2本
青ジソの葉	4枚
好みの豆腐	100gくらい
白すりゴマ	小さじ1/2
塩、出汁	各適量
好みで麦飯	適量

1 干物は焼き、皮と骨を除いてすり鉢に入れ、ねっとりするまですりこ木で当たる。味噌をあわせ、すり鉢の内側全体に薄くのばしつける。

2 すり鉢をひっくり返してガス台に置き、①にこんがり焼き色がつくまで火であぶる。

3 ②を出汁または水2カップ（分量外）で溶きのばし、冷蔵庫で冷やしておく。

4 キュウリは小口切りにし、塩でもむ。青ジソは千切り、豆腐は水きりする。

5 ③に水気をきったキュウリと豆腐、青ジソ、白すりゴマを入れ、好みで麦飯にかけて食べる。

肉巻きおにぎり

材料 | 約8〜10個分 |

	豚ロース薄切り肉	8〜10枚
	炊きたてのご飯	1合分
	塩	適量
	白炒りゴマ	適量
A	しょうゆ、酒、みりん	各大さじ1と1/2
A	砂糖	大さじ1

1 ご飯はひと口大より小さめに、塩を馴染ませた手で俵形に握る。

2 肉を1枚ずつ丁寧に広げて、①に巻く。

3 フライパンに肉の巻き終わりを下にして並べて中火にかけ、全体をこんがりと焼き、**A**をあわせてよく絡め、ゴマをふる。

チキン南蛮

材料 | 2人分 |

	鶏胸肉	2枚（400gくらい）
	塩、こしょう	各適量
	薄力粉、片栗粉	各大さじ3
	たまご	1個
	揚げ油	適量
	好みでサラダ菜	適量
A	酢	大さじ3
A	砂糖	大さじ2
A	しょうゆ	大さじ1
A	塩	ふたつまみ
B	ゆでたまご（刻む）	2個
B	マヨネーズ	大さじ3
B	キュウリ（みじん切り）	1/3本
B	タマネギ（みじん切り）	1/8個
B	レモン汁	1/4個分

1 鶏肉は皮を除いて、厚みのあるところは開いて平らにする。食べやすい大きさにそぎ切りにし、塩、こしょうをふっておく。

2 **A**はあわせておき、**B**の野菜は塩（分量外）を少し加えて和え、水気をしぼってから、ほかの**B**の材料と混ぜておく。

3 ①に薄力粉、片栗粉、たまごをよく混ぜた衣を絡め、170度の油でこんがりと揚げる。

4 ③を熱いうちに**A**にくぐらせて皿に盛りつけ、**B**をのせ、好みでサラダ菜を添える。

鹿児島

さつま雑煮

干しエビの出汁で
甘く香ばしい
豪華な一椀

かつて鹿児島県北部ではエビ漁が盛んだったため、保存のためにまきであぶって焼いて乾燥させたエビが名産となりました。その干しエビで出汁をとって作るのがさつま雑煮。エビの香ばしさや、旨味が汁に溶け込み、地元の甘めのしょうゆとよく合います。出汁はもちろん具材にもエビを入れて長寿を願い、子孫繁栄の象徴としての里芋や、おめでたい紅白のカマボコ、マメマメしく働けるよう豆もやしを具にするなど、お椀に想いが詰まっています。雑煮の椀の中におせち料理が並んだかのような豪華さがあります。蓋を開けたときの感動が止まりません。この土地の生活がどれだけ豊かで、その富を長い間つないできたかわかります。

玉子おにぎり

鹿児島県の徳之島で親しまれているのは、薄焼きたまごに包まれたシンプルなおにぎり。スーパーやコンビニに必ず売っている、身近なものだそうです。昔は高級品だった海苔の代わりに薄焼きたまごを使ったとか。薄焼きといっても、おにぎり1個に対してたまご1個で作るくらいやや厚めに片面だけ焼き、表面はまだ完全に火が通っていないくらいで、おにぎりをのせて包むとたまごとご飯が密着して馴染みます。さらにラップでしばらく包んでおくと、一層しっとり仕上がります。味つけは塩のみという潔さでとびきりおいしく、可愛いおにぎりです。たまごも貴重なものだったでしょうに。養鶏にも力を入れていたのではと想像します。

たまごの黄色が
可愛らしい
シンプルおにぎり

桜島大根漬け

肴
ご飯や焼肉に
重ねて食べても
おいしいです

桜島大根は1月～2月が収穫の最盛期。色白で丸く、重量は10kg前後、大きいものは30kgにもなります。桜島が噴火する度に火山灰が積もり、畑の土と混じってやわらかく軽い土となり、大根が大きくなるといわれています。えぐみや辛味が少なく、甘味があり、水分も多い。煮崩れしにくく味が染みやすいので、煮物はもちろんのこと、きめ細かく繊維が少ないため口当たりがやわらかく、生食にも向きます。必然的に桜島大根の漬物は名産品となりました。レシピでは3種の味を。なかでも赤ジソ酢の漬物は、真っ白な大根が美しいピンク色に染まりました。ご飯や酢飯を巻いたり、焼肉を重ねて食べたりすると薩摩焼酎に呼ばれる気がします。

さつま雑煮

材料 | 2人分 |

里芋	2個
豆モヤシ	60g
春菊	2株
干し椎茸	4枚
丸餅	2〜4個
鶏もも肉	80g
カマボコ(赤・白)	スライス各2枚ずつ
尾頭付きエビ	2尾
干しエビ	20g
昆布	5cm四方1枚
A 塩	小さじ1/3
A 薄口しょうゆ	小さじ1
A 酒	小さじ2

1 水3カップ(分量外)に干しエビと昆布を入れて1時間ほどおいて火にかけ、沸騰したら昆布を引き上げ、10分ほど煮出す。干し椎茸は水で戻す。

2 鶏肉、里芋、干し椎茸は食べやすい大きさに切り、豆モヤシはひげ根をとり、春菊とともにさっとゆでておく。エビは背わたをとる。

3 ①の出汁はザルでこし、鶏肉、里芋、干し椎茸を入れて里芋がやわらかくなるまで煮る。

4 餅は好みで焼いておく。

5 ③に背わたをとった尾頭付きのエビを入れてひと煮し、味を見てAで調味する。

6 器に餅を入れ、⑤の汁と具材をあわせ、カマボコ、ゆでた豆モヤシ、食べやすく切った春菊を添える。

玉子おにぎり

材料 | 4個分 |

たまご	4個
塩	適量
油	小さじ1くらい
炊きたてのご飯	1合分

1 ご飯は温かいうちに手に塩をつけて、平たい丸いおにぎりを4個作る。

2 卵は割りほぐし、塩ひとつまみをあわせる。

3 薄焼きたまごを作る。直径20cmほどの小さなフライパンを熱し、油を馴染ませて、②の1/4の量の卵液を流し込んで広げ、片面のみ焼いて取り出す。同様にあと3枚作る。

4 焼かなかった面におにぎりをのせ、包む。

桜島大根漬け

材料 | 作りやすい分量 |

大根	250g
塩	大根の3%(7.5g)
A 梅赤ジソ酢	小さじ1
B しょうゆ	小さじ1/2
B 砂糖	ふたつまみ
C 酢、砂糖	各小さじ2

1 大根は皮をむいてスライサーなどで薄い輪切りにし、塩をふって30分ほどおく。

2 しんなりとして水が出たら、軽くしぼって3等分にし、それぞれA、B、Cをあわせて30分おいて味を馴染ませる。

沖縄

具だくさんのお味噌汁

豚バラ肉入りで
コクがあり
ホッとする一杯

椀

OKINAWA

味噌は寒い地方の保存食と思っていましたが、沖縄にも数軒の味噌屋さんがあることを知り、驚きました。冷蔵庫が普及する前から欠かせない貴重な保存食だったそうです。沖縄料理に油味噌や野菜の味噌炒めがあるのは、味噌が昔から家庭に根づいた調味料だからなのですね。具だくさんのお味噌汁も定番の味。定食屋さんでは大きな丼に盛りつけられた味噌汁定食が人気です。具はランチョンミートや豚バラ肉を入れ、沖縄豚汁といったイメージ。沖縄の甘めの味噌が後を引きます。汁と炊きたての白いご飯、黄色いたくあんが添えられた定食は、しみじみホッとする味です。沖縄出身の友人は必ず食べるものの一つと話してくれました。

ランチョンミートは缶詰に入ったソーセージのようなもので、塩味が濃く、そのまま食べるよりは炒め物の具にしたりします。沖縄では「ポーク」と呼ばれ、ゴーヤチャンプルなどに欠かせない食材です。ポークを厚めに切り、さっと香ばしく焼いて、甘めのたまご焼きとともに小判型のおにぎりにのせて、海苔で巻きます。ハワイの「スパムむすび」が、帰郷した移民を通じて沖縄に伝わったという説があります。塩気のあるポークは、ご飯が進む味。ポークをのせるために、おにぎりは平たく握ります。ポークの缶詰を型にし、ご飯、卵焼き、ポークを層になるように重ねて押し寿司のようにぎゅっと押して形を作ってもいいですよ。

ポーク玉子にぎり

油味噌

豚の三枚肉を
カリッと焼いて
味噌を絡めて

ご飯やお酒のおともとして親しまれている油味噌は、地元では「あんだんすー」と呼ばれています。昔ながらの作り方は豚の三枚肉（バラ肉）と味噌を炒めて、砂糖やみりんなどで甘めに味つけしたもの。ご家庭でそれぞれの味があるようです。市販品は沖縄土産の定番として人気があり、カツオやマグロなどの魚介類の油味噌も販売されています。レシピは三枚肉の塊を角切りにし、カリッと香ばしく焼いてから味噌とあわせました。肉は薄切り、ひき肉を使って作ってもおいしいですし、肉の炒め具合もしっとりとやわらかく仕上げるとまた違った味わいです。日持ちのする常備菜ですから、作る度にいろいろ試して楽しみます。

具だくさんのお味噌汁

材料 ｜2人分｜

ランチョンミート	50g
豚バラ薄切り肉	50g
レタス	2枚
タマネギ	1/4個
ニンジン	1/4本
豆腐	1/3丁(100g)
たまご	2個
出汁	4カップ
味噌	大さじ3〜4

1 具材は食べやすい大きさに切る。

2 出汁を温め、レタス以外の①を煮る。

3 火が通ったら豆腐を入れ、たまごを割り落とす。

4 たまごが好みのかたさに煮えたら、たまごの黄身を割らないように味噌を溶き入れ、レタスを入れてひと煮する。

ポーク玉子にぎり

材料 ｜約6個分｜

ランチョンミート	100g
たまご	2個
砂糖	小さじ1
塩	適量
油	少量
炊きたてのご飯	1合分
海苔	1枚

1 ランチョンミートはひと口大の7、8mmの厚さに切る。フライパンで油なしで両面をこんがりと焼く。

2 たまごは砂糖を加えて割りほぐし、油を熱したフライパンにたまごを一気に流し込んで大きく混ぜ、1cm厚みのたまご焼きを作り、6等分に切る。

3 ご飯は塩を馴染ませた手で6個のおにぎりにする。

4 ③に①、②を重ねるようにしてのせ、6等分に切った海苔で巻く。

油味噌

材料 ｜作りやすい分量｜

豚三枚肉(ブロック)	200g
味噌	大さじ3
砂糖	大さじ1〜2
酒	大さじ2

1 肉は1cm角に切り、油なしでカリッとするまで炒める。

2 一度火を止めてから酒、砂糖、味噌の順に加えて軽く混ぜ、再び火にかけてとろみが出るまで炒めあわせる。

しつらい
こばなし

長崎

椀　ヒカド

米　大村寿司

肴　東坡肉

ご当地食堂でそれぞれの土地の文化、工芸、民芸をひもといていくと、その土地の歴史が見えてくることがあります。根付いたもの、伝え続けられ変化をもたらすものなど、器と歴史はさまざまな物事を物語ります。

ご当地47都道府県での［椀］のページで、スープの器を使うのは初めてかもしれません。スプーンを添えた器は波佐見焼《はさみやき》。400年以上もの歴史ある窯業地《ようぎょうち》が、現代の食に合った器に挑戦していることも必見です。歴史がありながらも現代に息づく、軽やかなデザインが特徴のHASAMIブランド。ともに日常の風景を演出した木工品は、佐世保で制作する木工作家・堀宏治さんの手彫盆です。［米］の器は独自の風合いを持ちつつ、波佐見町で作陶を続けている陶芸家・都築明《つづきあきら》さんの黒釉《こくゆう》平皿。伝統とオリジナリティがが融合し、現代の工芸を盛り上げている長崎の職人・作家の手仕事です。［肴］の器は長崎と関係があり、歴史のあるデルフト焼をひもといて、ペトルス・レグーの染付けの器を。ペトルス・レグーは幕末から明治にかけて輸入されたオランダ・マーストリヒトの陶器メーカーです。その根源は、鎖国をしていた江戸時代、ヨーロッパと唯一交流があった長崎は、海外からの輸入品が手に入りました。中でも特に、白地の陶器にデルフトブルーと呼ばれる、青の絵付けが美しいオランダのデルフト焼が、肥前（長崎・佐賀）の染付けの伊万里焼に似ていることから、親しまれていました。幕末頃にはデルフト焼は衰退。その様式を継承したマーストリヒトの陶器が輸入されるようになったという背景があったようです。江戸からの時を経て、長崎の歴史ある器を、今、このページでしつらう喜び。昔も今も変わらない美しきものの賛美の共有でした。

初出

本書は、JALグループ機内誌『SKYWARD』の連載「ご当地食堂、はじめました」2019年5月号〜2023年3月号掲載分より47編を再編集し、まとめたものです。データは掲載当時のものです。

あとがきにかえて

ＪＡＬの機内誌「ＳＫＹＷＡＲＤ」で都道府県の郷土の汁物、おむすび、ご飯のおともの三品を毎月紹介することになったのが四年前。当初は一年の連載というお約束でまずはわたしが馴染みのある場所からスタートしました。その土地土地の料理に興味はあるけれど、旅したことのない所もまだまだあり、各都道府県庁のご担当者の皆さんの協力とアドバイスにおおいに助けていただきました。この場を借りてお礼申し上げます。担当者のかたが幼い頃から慣れ親しんだ味をうかがえたときにはその情景が浮かんできて、料理に皆さんの故郷への想いが宿りました。そんなわけで、手ほどきを受けたものは少なく、レシピはほぼオリジナルですので、郷土の方からお叱りを受ける材料や分量、作り方があるかもしれませんが、ご容赦ください。できるかぎり地元の食材に寄り添い、味わいながら、作りやすくておいしいといえる一皿を作ったつもりです。

それぞれの土地には歴史から生まれた味、祝いの席で受け継がれている味、普段の食卓の味など、ご当地ならではの味がたくさんあります。海沿いの土地は地魚を食べ、清流の流れる土地には川魚があり、豊かな田畑のある土地には米や野菜がふんだんに使われる味があります。そんな味の背景にあるお話やエピソードをうかがったり、調べていくうちに、より一層その味に愛着が湧いてくる。生まれた時から親しんできた味を愛でる。これが郷土食の楽しみ方だと実感しました。

一年の連載が過ぎようとする頃に、せっかくなので、全都道府県を制覇しましょうとなり、加えてコロナ禍の影響もあって、旅がままならない時間が長くなり、連載ページで旅気分を味わいました。行くことはできないけれど、郷土の味を作ることはできる。ご当地食堂の女将になったつもりで、続けました。もちろん、この一冊ですべての郷土料理を網羅したわけではありません。もっともっとご紹介したい味はあり、連載時は毎回料理リストの決定が難しかった。それほど土地にはたくさんの味があり、家庭でもそれぞれの味がある。食べてみたい、作ってみたい、その一心でした。

毎回撮影ではその土地の伝統工芸、ご当地の作家ものの器、布やお盆、ときには紙が敷かれて、ご当地感溢れる一枚を疋田千里さんに撮影していただきました。写真とスタイリングが回を重ねるごとにノってくるのが伝わってきて、わたしは料理に集中できた。その様子が毎回興味深く、無理を言ってスタイリストの駒井京子さんにはコラムを書いていただきました。あわせて読んでいただくと、また違った景色がみえてくるかもしれません。素敵な旅をさせていただきました。

連載時からデザインをしてくださった俵社の皆さん、郷土の味をイラストにしてくださった津村仁美さんには、書籍をまとめる際に力を貸していただきました。ありがとうございました。

読者の皆さんにも恋しい故郷の味、旅して味わう全国各地のおいしいものを、眺めて読んで味わっていただきたい。愛溢れるご当地の味をお届けできたらうれしいです。おかげで我が家の食卓の定番が増えました。

二〇二三年　五月

飛田和緒

ご当地食堂、はじめました

2023年5月16日 初版発行

著 者 飛田和緒

発行者 有本 正

発行所 株式会社 JAL ブランドコミュニケーション
〒140-8643 東京都品川区東品川 2-4-11
野村不動産天王洲ビル
電話 03-5460-3971(代表)
https://www.jalbrand.co.jp/

発売元 株式会社 KADOKAWA
〒102-8177 東京都千代田区富士見 2-13-3
電話 0570-002-008(ナビダイヤル) KADOKAWA 購入窓口
https://www.kadokawa.co.jp/

印刷・製本 株式会社 シナノパブリッシングプレス

ISBN 978-4-04-899342-5 C0077